서울 라이프스타일 기획자들

서울 라이프스타일 기획자들

유지연

ㅈㅅㅇ

취향

좋은 것을 알아보는 안목 있는 사람들이 새삼 주목받기 시작했다. 획일화된 소비 흐름에서 벗어나 자신만의 고유한 취향을 가꾸며, 저마다 빛나는 것을 건져 올리려 탐색하는 이들의 발걸음을 따라 서울의 지형도가 바뀌고 있다.

미디어

소셜 미디어(SNS)가 커다란 영향을 미쳤다. 특히 자신이 본 것, 먹은 것, 체험한 것을 기록하는 일기장 역할을 톡톡히 하고 있는 인스타그램은 가히 취향의 전시장이라 할 만하다.

기획자

사람들이 좋아하는 장소, 음식, 제품, 그 끝에는 그것을 만든 사람, 즉 기획자들이 있었다. 그들은 물건을 파는 사람들이 아니라, '이런 생활 방식은 어떤가요?'라고 말을 거는 이들이다.

동시대인

골목골목 스며든 다채롭고 풍성한 콘텐츠야말로 도시의 진면목이다. 플레이어들의 눈과 손에 의해 바뀌어가고 있는 서울을 관찰하다 보면, 지금 여기를 살아가고 있는 우리의 오늘을 발견하게 된다.

CONTENTS

CONTENTS

복잡다단한 아날로그의 맛

—

오프라인 리테일의 미래

오프라인의 하락세는 예견된 일이다. 백 가지의 상품이 있다는 의미의 백화점(百貨店)은 수만 가지 상품을 한번에 보여주는 온라인 매장을 따라가기 어렵다. 아마존과 쿠팡 등 온라인 기반의 대형 유통 플랫폼이 나타나면서 이러한 흐름은 더욱 거세졌다.

방향이 아니라 속도에 영향을 미쳤던 코로나19 팬데믹은 온라인에 날개를 달아주었다. 엔데믹으로 오프라인도 서서히 회복세에 접어들고 있지만, 한번 맛본 온라인 세계의 편리함은 쉽게 잊을 수 없다.

장기적으로 소매업의 질서가 재편되고 있다. 가장 큰 방향성은 온라인·비대면의 일상화다. 자본과 물류로 무장한 온라인 리테일 플랫폼은 거의 무한대의 그리드(grid)에 물건을 올려 두고, 스크롤을 내려도 내려도 끝이 없는 다양한 상품을 선보인다.

무한대의 선택지에서 방황할 필요도 없다. 고도화된 개인화 기술은 내게 필요한 물건을 맞춤해 골라준다. 장바구니에 담은 물건은 엄지손가락을 몇 번만 놀리면 문 앞으로 배송된다. 즉시배송·바로배송도 가능해진 요즘, 새벽배송은 싱거운 단어가 됐을 정도다.

온라인 리테일의 지속 가능성에도 청신호가 켜졌다. 쿠팡이 지난 2022년 3분기를 기점으로 흑자 전환에 성공하면서다. 극한의 효율과 경제성을 무기로 한 온라인 유통 플랫폼이 대규모 물류 투자를 마치고 수익 국면에 들어섰다는 신호다. 이제는 벌어들이는 것이 곧 수익이 되는 구간에 접어들었고, 이 기세는 당분간 유지될 전망이다.

반면 오프라인 리테일은 기로에 서 있다. 인건비와 매장 운영비, 임대료가 매출을 웃도는 상황에서 가능한 많은 지역에 매장을 내고, 다양한 물건을 진열하고, 물건을 팔아 매출을 내는 형태는 낡은 사업 모델이 됐다. 이는 유통업에만 해당하는 문제는 아니다. 동네 작은 음식점이나, 꽃집, 문구점 같은 오프라인 공간에 실재하는 모든 비즈니스가 비슷한 위기를 맞고 있다.

오프라인은 복지

그러나 잠시, 상상해보자. 오프라인 상점이 없어지고, 물류 창고나 주차장만이 즐비한 거리를. 편의점 불빛만이 간간이 골목을 밝히는 그런 도시를 말이다.

이는 단지 누군가의 사업 모델이 낙제점을 받는 상황만을 의미하지 않았다. '오프라인은 곧 복지'이기 때문이다. 늘 같은 자리에서 빵 냄새를 풍기는 빵집이 동네 주민들에게 주는 안정감은 경제적 가치로만은 환산하기 어려운 특별한 가치가 있다. 새벽에 문 앞으로 문구를 배달해주는 플랫폼이 있지만, 가끔은 아이와 함께 문구점에 들러 작은 물건을 고르고 싶다. 이제는 이미 동네에서 보기 어려워진 방앗간과 철물점은, 동네 커뮤니티 기능을 겸했다는 점에서 동네의 일상 복지를 책임졌던 공간이라 할 수 있을 것이다.

오프라인의 기존 생존 공식이 작동하지 않는 지금, 오프라인 리테일은 어떻게 살아남을 수 있을까? 이 책은 바로 이 전환의 고민에서 시작됐다.

기회는 오히려 위기 속에 있었다. 비대면 기조가 절정을 이루었던 팬데믹 기간 동안 오히려 흥했던 오프라인 공간들 얘기다. 거리에는 사람이 없어도, 이들 공간 앞에는 긴 줄이 늘어섰고, 온라인에 넘쳐나는 인증 글이 다시 흥행을 부채질했다. 이곳에서라면 미래 오프라인 비즈니스의 생존 공식을 찾아낼 수 있지 않을까?

체류 시간을 늘려라

팬데믹이 덮쳤던 지난 3년, 소매업계에서 가장 화제가 된 공간은 다름 아닌 백화점이었다. 유통업계에서 소위 '지는 해'로 여겨졌던 백화점이 리테일의 변화를 주도한 것이다. 지난 2021년 2월, 팬데믹의 한가운데서 문을 열었던 여의도의 '더현대 서울'이 그 주인공이다.

더현대 서울은 기존 백화점과는 다른 길을 걸었다. 그동안 백화점에서 면적은 곧 매출이며, 평당 얼마의 매출을 올리느냐가 그 백화점의 경쟁력이었다. 그런데 더현대 서울은 매출 면적을 과감히 포기한다. 대신 거대한 실내 정원을 들이고, 수족관을 만들었으며, 미술 작품 전시에 공간을 할애했다.

쇼핑 공간이라기보다 테마파크이며, 뭔가를 팔기 위한 공간이라기보다 거대한 규모의 자본을 투입해 끝없이 사람들을 끌어들이는 허브 같은 공간이다. 매주 끊임없이 브랜

드의 '팝업(임시)' 상점이 열린다는 점에서는 리테일이라기
보다 공간을 대여하는 사업을 하는 것처럼 보이기도 한다.

요즘 오프라인 매장의 경쟁력은 '강렬한 콘텐츠'로 요약
된다. 어떻게든 찾아가게 만들고, 체류 시간을 늘리는 전략
이다. 과거에는 매력적인 '물건'만으로도 백화점에 갔다. 온
라인에서 지구 반대편 물건도 공수할 수 있는 지금은 좋은
물건보다 매력적인 경험이 필요하다. 물건이 아닌 경험 콘
텐츠를 팔아야 한다.

상품이 아니라 정서를 판다

물론 백화점과 같은 대형 자본만이 이 게임에서 이기는
것은 아니다. 작은 규모의 가게라도, 개성이 있다면 살아남
을 수 있다.

실제로 작지만 매력적인 가게는 여전히 사람들의 발걸
음을 이끈다. 카페에서 창작자를 위한 도구를 파는 문구점
으로 재개장한 성수동의 '포인트 오브 뷰'는 주말이면 몰려
드는 방문객으로 웨이팅 리스트가 생긴다. 안국역 인근 오
래된 건물 속에서 복고풍 음향기기를 소개하는 '레몬서울'
은 같은 취향을 찾아 공유하는 이들의 참새 방앗간이 되었

다. 이들은 모두 이곳이 아니면 경험할 수 없는 강렬한 콘텐츠를 지닌 가게다.

연남동을 기반으로 여러 오프라인 공간을 운영하는 홍주석 어반플레이 대표는 "온라인이 대체할 수 없는 것들을 서비스하는 오프라인 공간이 살아남는다"라고 말한다. 예를 들어, 대전의 '성심당'이나 서울 '태극당'과 같은 오래된 빵집은 빵이라는 강력한 콘텐츠와 함께 그 공간에 가서야만 느낄 수 있는 역사성을 소비자에게 선사한다. 색다른 경험, 즉 상품이 아니라 정서를 파는 것이다.

카페 어니언이 광장시장에 문을 연 이유도 마찬가지다. 지역성을 기반으로, 늘 독특한 공간 감수성을 절묘하게 버무려온 어니언의 실험적 시도가 돋보이는 곳이다. 비닐 천막 사이로 놓인 플라스틱 의자 위에서 마시는 커피는, 충분히 색다른 정서적 경험이 된다.

매출을 포기하는 매장이 나타난다

매장에서 꼭 매출이 나와야만 할까? 엉뚱한 질문이지만, 온라인으로 충분히 물건을 판매하는 브랜드라면 오프라인 공간을 매출이 아닌 다른 목적으로 활용해도 좋을 것이다. 매출을 올리는 매장이 아닌, 브랜드 인지도를 높이며 소비자와 접점을 넓히는 오프라인 공간도 경쟁력이 있다.

'팝업'은 리테일 업계의 새로운 영웅이다. 작게 열어 신속하게 메시지를 던지고, 사라진다. 시시각각 빠르게 메시지를 던지지 않으면 기억에서 쉽게 잊히는 디지털 시대에 오프라인이 맞이한 운명적 결과물이기도 하다.

이런 팝업 전략을 가장 잘 구사하는 브랜드는 침대 브랜드 '시몬스'다. 성수동과 청담동에 철물점과 정육점을 열고 줄을 세우고 입소문을 내며 브랜드를 알린다. 이때 공간은 해당 브랜드의 주 종목과는 상관없어도 된다. 침대를 팔지 않아도 된다는 얘기다. 브랜드와 '본딩(bonding·연결감)'을 줄 수 있는 그 무엇을 팔아도 좋다. 소비자의 뇌리에 브랜드 이름만 각인시켜도 성공이다. 언젠가 침대가 필요할 때, '아 그 브랜드가 있었지?' 하고 실마리를 제공할 수만 있으면 된다. 오프라인 매장은 살아 있는 광고, 즉 브랜딩의 최전선인 것이다.

강남역 생수병 효과

임대형 팝업 플랫폼도 등장했다. 누구나 공간을 빌려 이곳에서 잠시 동안 메시지를 던질 수 있다. 성수동을 중심으로 벌써 여러 곳에 공간을 낸 '프로젝트 렌트'가 대표적이다. 역시 오프라인 매장의 광고 효과를 극대화한 공간이다. 약 6~10평 남짓의 작은 매장은 월 단위 혹은 주 단위로 주인이 바뀐다. '작은 브랜드의 의미 있는 이야기'를 전한다는 콘셉트로, 한시적 매장을 열고 싶은 작은 브랜드들이 대여해 실험한다.

렌트를 운영하는 최원석 필라멘트앤코 대표는 "'우리 브랜드 여기 있어요'라고 불특정 다수에게 온라인 광고를 뿌리는 것보다 강남역에서 브랜드 이름이 달린 생수병을 나눠주는 게 더 눈에 띄는 시대"라고 말한다. 오프라인 팝업은 예컨대 이런 생수병 효과를 극대화한 공간이라 할 수 있다.

이곳은 온라인의 세계에서는 줄 수 없는 한 번의 터치를 더하는 곳이다. 실제 손에 잡히는 체험을 전하고, 생생한 물성(物性)을 전달한다. 이는 경험은 물론 '인증'을 중시하는 밀레니얼, Z 세대의 성향과 정확하게 맞아떨어진다. 잘 만들어진 공간이라면 시간을 내 기꺼이 찾아가 사진을 찍고 입소문을 낸다. 브랜드를 알리고 콘텐츠를 보여주는 데 온라인보다 오프라인 공간이 유리한 이유다.

그럼에도 사람은 만나고 싶다

오프라인 매장이 겨냥해야 할 것은 멋진 공간 콘텐츠, 체험거리뿐만이 아니다. '사람'에 주목해야 한다. 우리는 온라인에서 맺는 수많은 의미 없는 관계가 아닌, 관심사를 기반으로 나와 비슷한 사람들과 직접 만나고 싶다. 커뮤니티 기능은 미래 오프라인 비즈니스의 중요한 단서다.

남산 언덕 아래 자리한 '보마켓'은 이런 커뮤니티 기능을 가장 잘 구현한 공간이다. 요즘 찾기 어렵다는 동네 슈퍼와 카페를 결합한 공간으로, 없는 것 빼고 다 파는 잡화점이자 식료품점이다. 여느 동네 슈퍼처럼 슬리퍼를 끌고 편안한 차림으로 나와 간단한 먹을거리를 사거나 내키면 앉아서 샌드위치에 커피를 곁들여도 된다. 가게 한쪽에는 아이들이 그림을 그리며 놀 수 있게 스케치북을 가져다 놓고, 단골 고객들의 반려견을 모델로 달력을 만들어 나누기도 한다. 연희동의 철물점 '정음철물' 역시 철물 편집 매장이자 동시에 동네 커뮤니티다. 건축이나 공간에 관심 있는 사람들이 만나 다양한 프로젝트를 기획하고 수업을 듣는다.

물론 동네라는 키워드로만 오프라인 커뮤니티가 작동하는 것은 아니다. 온라인에서 관심사를 기반으로 사람들이 모이듯, 오프라인에서도 관심사 기반의 커뮤니티 서비스가 가능하다. 성수동에서 창작자들을 위한 커뮤니티로 출발한 '코사이어티'는 일하는 사람들(workers)을 위한 공간과 서비스를 지향한다. 누구나 창작자가 되어 몰입해 일해야 하는 현대인들의 고민을 해소할 수 있도록 전시·워크숍 등의 콘텐츠를 제공하고, 제주에는 '워케이션(work+vacation)' 공간을 마련, 생산적 쉼을 제안하고 있다.

온라인 공간에서 아무리 많은 시간을 보낸다고 해도, 사람과 사람이 직접 얼굴을 보고 만나는 일의 가치는 여전히 유효하다. 매끈한 온라인의 세계에서는 충족시킬 수 없는 복잡다단한 맛이 오프라인 세상 곳곳에 숨어 있기 때문이다.

"우리가 직면한 선택은 디지털이냐 아날로그냐가 아니다. 실제 세상은 흑도 백도 아니고. 심지어 회색도 아니다. 현실은 다양한 색상과 수많은 질감과 켜켜이 쌓인 감정들로 이루어진다. 현실에서는 이상한 냄새가 나고 희한한 맛이 난다."

— 데이비드 색스, 『아날로그의 반격』

아틀리에 에크리튜

김재원

취향을 비즈니스로 설계하는 법

낡고 허름한 공장지대, 행인의 발걸음도 드물었던 성수동은 지금 가장 화려한 현재를 살고 있다. 이름난 카페와 빵집, 레스토랑과 복합 문화 공간이 하루가 다르게 오픈을 알리고 골목마다 북적이는 손님을 맞이한다. 커피 체인 '블루보틀'이 성수동에 1호점을 열었고, '아모레 성수' 같은 대기업 자본도 이곳에 터를 잡았다. '무신사', '젠틀몬스터' 등 유명 패션회사의 사옥부터 '아더에러' 등 트렌드를 선도하는 브랜드의 매장도 들어섰다. '디올' 등 명품 브랜드의 팝업 스토어는 성수동의 현재 위상을 상징한다. 불과 몇 년 전, 유명 패션 브랜드의 행사장으로 이름을 알렸던 '대림창고'로부터 시작된 성수동의 봄. 서울숲 카페 거리, 뚝섬역 인근, 연무장길, 남성수와 송정동 인근 북성수까지 영역을 무섭게 확장해가고 있는 성수동은 지금, 뜨거운 여름을 살고 있다.

이종교배, 하이브리드, 틈과 섞임

새로운 소비문화 지대가 된 성수동의 오늘을 묵묵히 지켜보는 이들도 있다. 자동차 정비공장과 인쇄 공장, 수제화 거리의 활기는 어제든 오늘이든 여전하다. 덕분에 다른 상권에서는 볼 수 없는 성수동만의 독특한 매력이 드러난다. 요란하게 돌아가는 공장과 공장 사이 갑자기 적막한 카페가 나타나고, 허름한 공장 건물 위층에는 20세기 디자인 거장들의 가구가 놓인 갤러리가 들어선다. 말 그대로 '힙'한 패션으로 머리부터 발끝까지 꾸민 요즘 애들이 지나친 거리에는 작업복 차림의 공장 기술자들이 시끌벅적한 백반집을 찾는다.

낡은 것과 새것, 세련된 것과 투박한 것, 서로 섞이기 어려운 이종(異種)이 공존하는 지역. 이런 성수동의 매력을 일찌감치 알아본 한 사람이 있다. 아무도 성수동을 주목하지 않았던 2014년 성수역 근방에 '자그마치'라는 복합 문화 공간을 열었던 김재원 디렉터. 건국대 디자인 대학원에 적을 두고 활동했던 김재원 디렉터가 성수동에 주목한 것은 서울의 동쪽에 문화와 디자인을 향유할 공간이 절대적으로 부족하다는 이유에서였다. 게다가 생활권인 성수동, 건대입구 등에는 커피를 마실 수 있는 곳이 부족했다. 실제로 스페셜티 커피 바람이 조금씩 불기 시작했던 당시, 맛있는 커피를 맛보려면 최소 강남 신사동이나 홍대 인근으로 원정을 나서야 했다. 말 그대로 변변찮은 카페 하나, 그 흔한 '스타벅스'조차 찾기 어려웠던 것이 성수동의 7~8년 전이다.

자그마치는 성수동에 최초로 문화의 온기를 불어넣었던 카페 겸 복합 문화 공간이다. 김재원 디렉터의 말대로 맛있는 커피가 있었고, 디자인 업계 종사자들이 드나들며 화학 작용처럼 피어난 색다른 문화 콘텐츠가 있었다. 100평짜리 인쇄 공장을 개조한 투박한 카페에서는 독특한 주제의 강연과 팝업 스토어, 작가들의 전시와 건축가들의 포럼이 열렸다. 성수동에 가면 뭔가 재미있는 것이 있다는 입소문이 난 것도 이때부터다.

자그마치가 문을 연 다음 성수동에 조금씩 변화의 바람이 불었다. 한동안 줄서는 카페로 이름났던 '어니언'과 복합 문화 공간 '대림창고'가 2016년 문을 열었다. 400평짜리 카페가 들어선다는 소문에 자그마치 손님들이 모두 그리로 갈까 봐 잠도 못 잘 정도로 걱정했다는 김재원 디렉터의 고민은 기우였다. 자그마치 손님들이 어니언을 가고, 대림창고 손님들이 자그마치에 갔다. 강 건너 재미있는 것이 있다는 입소문에 강남의 힙스터들이 성수동에 몰려와 이른바 '카페 투어'를 하기 시작했다. 그렇게 성수동의 봄이 시작됐다.

기획의 정석

　김재원 디렉터는 성수동의 봄을 만든 주역이자, 지금껏 성수동의 색다른 문화 콘텐츠를 만들어온 기획자다. 자그마치 이후로 2016년 카페 '오르에르'를, 2017년에는 생활 소품 편집숍 'W×D×H'를 디렉팅했다. 2018년에는 카페 오르에르 건물 위층에 자신의 수집품을 모아 보여준다는 콘셉트의 편집숍 '오르에르 아카이브'와 문구점 '포인트 오브 뷰'를 차례로 열었다. 2019년 12월에는 과자 가게 '오드 투 스위트'를 열었다. 모두 김재원 디렉터의 취향을 오롯이 드러내는 공간이었다.

　2021년 겨울에는 복합 문화 공간 'LCDC 서울'을 총괄 디렉팅했다. 패션업체 에스제이그룹의 공간 플랫폼으로, 김재원 디렉터가 전권을 갖고 건축부터 사소한 마감에 이르기까지, 그야말로 무에서 유를 창조한 거대한 공간 프로젝트였다. 그의 표현에 의하면 '공간 디렉팅을 전면에 내세운 보기 드문 상업 공간'이다. 공간 프로젝트 이전에 건축을 하고, 인테리어를 한 다음 그곳에 자리할 콘텐츠를 결정하는 기존 방식과는 달랐다.

　수많은 브랜드와의 협업도 진행해왔다. 사람을 끌어들

이는 공간을 만드는 기획자로서, 김재원 디렉터의 손길을 필요로 하는 브랜드들이 그에게 손짓한다. 인테리어만을 의미하는 것은 아니다. 브랜드가 전하고자 하는 핵심적 메시지를 구체적인 시나리오로 구현한다. "오프라인 리테일 분야에 관심이 간다"라는 그는 매번 새로운 프로젝트를 마주할 때마다 "새로운 문을 여는 것 같은" 기분을 느낀다고 한다. 낯선 과제를 마주하면 그 세계를 부지런히 탐사한다. 그리고 기어코 의미 있는 어떤 것을 길어 올려 메시지를 만들어내는 그는 타고난 기획자다. 김재원 디렉터는 지금도 새로운 세계로 들어가는 문을 힘껏 열어젖히고 있다.

story
&
insight

브랜드에는 걸음걸이가 있다

아틀리에 에크리튜는 브랜드를 설계하고 기획하는 회사다. 에크리튜는 프랑스어 'écriture'에서 따왔다. 사전적 의미는 쓰기, 씌어진 것, 문자를 의미한다. 문체나 스타일이라는 의미로 썼다. 공간을 만들고 브랜드를 정립하는 일은 집필 과정과 닮아 있다. 어떤 공간이나 디자인 기획을 할 때 텍스트 작업을 무척 중요하게 여기는 편이다. 그러니까 브랜드를 집필하는 회사라고 보면 된다. 브랜드에도 고유한 태도나 성격, 말투가 있다. 사람처럼 걸음걸이도 다 다르다. 이런 점을 잘 포착해 구현하려고 한다.

텍스트로 설계도 만들기

목적성이 가장 중요하다. '왜 이 공간을 만들어야 할까?'를 가장 먼저 생각한다. 그런 다음 텍스트로 된 설계도를 짠다. 일상의 정서적 채움을 위한 과자 가게라고 한다면 이름은 무엇이어야 할지, 어떤 콘텐츠를 보여줄 수 있을지 등을 기획서로 만든다. 이 과정에서 아주 많은 양의 자료를 조사한다.

사방으로 그물망 치기

먼저 수도 없이 다양한 검색어를 넣어 검색부터 한다. 아주 집요하게 한다. 그 분야가 가장 발달한 나라의 언어를 비롯해, 영어, 일본어, 독일어, 프랑스어 단어를 넣고 괜찮은 결과물을 찾기를 반복한다. 여러 방면으로 그물망을 펼치면 반짝이는 것이 걸려든다. 나 같은 경우 약간 '덕후' 기질이 있다. 노는 것을 별로 안 좋아한다. 그보다는 작업실에 앉아 구글 검색을 하는 것을 훨씬 좋아한다. 수집벽도 있고. 나의 일하는 방식의 8할이 텍스트 수집에서 나온다는 것은 어찌 보면 당연하다. 예를 들어 '오드 투 스위트(ODD TO SWEET)'라는 과자 가게는 '정서적 배고픔을 채운다'는 목적이 있었다. 그래서 일상에서 과자를 매개로 다양한 정서적 채움이 일어나는 상황을 떠올렸다. 시적이고 문학적인 느낌을 반영한 이유다. 과자와 달콤함에 대한 시적·문학적 사유를 일상의 장면과 연결하는 방식으로 설계도를 만들었다. 처음 기획 단계에서는 시장 조사가 무의미하다. 우리가 하고 싶은 가게, 만들고 싶은 이야기에만 집중한다. 스토리를 구성한 뒤 기능적인 부분을 체크하는 단계에 이르면 시장 조사가 도움이 된다.

하나의 스토리로 꿰어지다

LCDC 서울은 각별한 공간이었다. 공간 디렉팅을 의뢰받으면 보통 건축이 이미 되어 있거나, 인테리어가 완료되어 있을 때도 있다. 그 안에 넣을 콘텐츠를 잘 연결해달라는 주문이 대부분이다. 아무래도 막연하고 정리되지 않은 채 일이 맡겨지다 보니 곳곳에서 불협화음이 쉽게 일어난다. 예를 들어 공간의 맥락상 카페가 제격인데, 직원들이 옷을 갈아입는 등의 준비를 할 공간이 마련되지 않은 건물 구조인 경우도 많다. LCDC 서울은 부지를 선정하는 과정부터, 건축, 실내 디자인, 가구 디자인, 심지어 마감까지 하나의 스토리로 꿰어지는 '마술'을 경험했던 공간이었다. 디렉터에게 전권이 주어졌기에 가능했다. 아마 공간 디렉팅이 전면에 내세워진 드문 상업 공간이 아닐까 싶다.

이야기 속의 이야기

LCDC 서울의 경우, '브랜드와 공간을 집필한다면 어디서부터 시작해야 할까?'부터 고민했다. 그러다 이야기를 풀어내는 구조를 공간에 대입해보면 어떨까 싶었다. 복합 문화 공간은 여러 공간이 다층적으로 겹쳐 있다. 그래서 이야기 속의 이야기라는 핵심어를 떠올렸다. 프로젝트의 마스터 플랜을 짜면서 가장 중요한 대전제가 그렇게 정해졌다. 그리고 단편과 장편, 액자식 구성, 옴니버스 구성, 직렬과 병렬식 구성 등을 공간에 대입해 표현했다. 1층의 카페 '이페메라'에는 공간 안에 작은 공간이 다시 한 번 펼쳐지고, 3층에는 여러 공간이 병렬식으로 이어진다. 4층 PS바는 '추신'이라는 이름처럼 못다한 이야기를 풀어낸다.

지속 가능한 공간

최근 '오르에르'를 접고 건물 전체를 '포인트 오브 뷰'로 리뉴얼했다. 과자 가게 '오드 투 스위트'의 문도 아쉽지만 닫게 됐다. 손님이 많고 적고의 문제라기보다는, 공간을 운영하는 것 자체의 힘듦 때문이었다. 디렉팅의 역량이 속속들이 미쳐야 하는데, 아무래도 여러 사람이 관련되다 보니 쉽지 않았다. 처음부터 '카페'를 하고 싶어서 연 공간이 아니기도 했다. 사람들을 모으는 데 카페라는 콘텐츠가 강력했기 때문이었다. 카페나 식음업장을 운영하면서 배운 점도 많다. 브랜드나 공간 디렉팅을 할 때 직접 운영을 해본 사람과 그렇지 않은 사람은 매우 다르다. 이상적이기만 한 공간보다, 운영의 묘를 더한 지속 가능한 공간을 만들 수 있는 역량에서 차이가 크다. 오르에르를 통해서 이런 공부를 많이 했다고 생각한다.

좋은 아웃풋의 비결

평소 같으면 절대 구입하지 않았을 책을 주문해 아무 페이지나

열어 꽂히는 단어를 챙기기도 하고, 구글에 특정 검색어를 넣고 나온 결과물의 첫 페이지부터 마지막 페이지까지 모두 보기도 한다. 언제 어디서 뭔가를 만날지 모르니 항상 모든 감각을 열고 다니는 것이 습관이 됐다. 원래부터 온갖 것에 관심이 많은 성향이라 스트레스를 받진 않는다. 이렇게 인풋이 많아야 아웃풋이 나온다. 물론 이런 여러 가지 인풋을 연결시키는 훈련이 필요하다. 여러 프로젝트를 실전으로 경험하면서 체득한 노하우가 도움이 됐다.

분위기와 취향을 설계한다는 것

음악이나 향까지 내 취향대로 세심하게 설계했기 때문에 내가 만든 공간을 좋아해주는 것이 아닐까 싶다. 사람들이 카페인을 채우기 위해 카페에 오지는 않으니 말이다. 공간을 경험하러 찾는 경우가 대부분이라고 생각한다. 그러면 경험 가치가 있는 공간을 만드는 것이 중요하다. 음악과 향이 그에 일조하는 부분이 상당하다. 그렇다고 내가 만든 공간이 늘 비슷한 음악이 흐르고 향이 나는 것은 아니다. 공간마다 내 머릿속에 생각해놓은 콘셉트와 분위기가 모두 다르다. 같은 건물 1층에 있는 카페 오르에르와 3층의 편집숍 오르에르 아카이브에서 재생되는 음악이 달랐고, 각각의 공간은 시간대와 계절에 맞는 음악이 흘렀다. 이 공간에는 어떤 꽃과 식물이 어울릴지, 어떤 향이 나는 것이 좋을지도 정해놓는다.

취향에는 좋고 나쁨이 없다, 깊고 얕음이 있을 뿐

취향에는 좋고 나쁨이 없다고 생각한다. 하지만 얕거나 깊을 수는 있다. 어떤 분야에 깊은 취향이 생기면, 좋고 나쁨을 떠나 눈여겨볼 만한 가치가 생겨난다. 깊은 취향을 갖기 위해서는 경험도 중요하지만 그보다는 학습이 필요하다. 좋은 것을 보고 듣고 경험하는 것이 기본이라면, 자신이 좋다고 판단한 것을 깊이 파고드는 공부가 필요한 것이다. 경험만으로는 자기 것이 되지 않기 때문이다. 예를 들어 좋은 디자인의 가구를 보고 앉아보는 경험도 중요하지만, 디자이너는 어떤 사람인지, 그가 한 디자인은 어떤 특징을 가지고 있는지 공부해야 한다. 그럴 때에야 디자인 가구에 자신만의 취향이 생기는 것 같다.

감각, 엿보기, 수집

요즘 젊은 세대는 여러 가지를 경험할 수 있다는 면에서는 축복받은 세대다. 그런데 경험만 한다. 정보가 충분히 쏟아지는 시대다 보니 오히려 너무 많은 이미지와 정보의 홍수 속에서 진짜 자신의 취향을 찾지 못하는 것 같다. 핸드폰 속에 정말 많은 멋진 이미지가 있지만 자기 것은 아닌 것처럼. 학생들을 가르치다 보면 사각 프레임 속에서 좋은 비주얼을 찾는 것은 정말 잘하는데, 그것이 왜 좋은지에 대해서는 대답을 못하는 경우가 허다하다. 한 발 더 들어가 깊이 있

게 공부해야 하는데 좋은 것만 경험하고 수집하는 데서 그치는 경향이 있다.

좋은 공간을 만들면 손님들이 알아서 찾아올까?

비즈니스는 별개의 문제다. 다양한 공간을 운영하면서 어떤 노하우가 생긴 것 같다. 아틀리에 에크리튜에는 나와 함께 일하는 기획팀이 있다. 이름을 짓고, 그래픽 디자인을 하고 콘텐츠도 만든다. 중요한 것은 운영도 같이 한다는 점이다. 공간의 기획과 운영은 다른 문제다. 직접 운영하기 때문에 운영을 고려한 기획을 하는 편이다. 운영을 해보지 않은 기획팀과의 차별점이다. 좋은 그림, 좋은 공간을 만드는 것도 중요하지만 어느 정도의 비용을 들여 어떤 결과물을 낼 것인지 합의점을 정하는 것이 중요하다. 이를테면 한 장에 천 원짜리 고급 명함을 가게에 두면 예쁘고 좋겠지만 사업을 하는 사람 입장에서 그럴 수는 없다.

입소문, SNS, 포토 스팟

운이 좋았다. 자그마치를 내고 그다음 오르에르를 준비할 때가 인스타그램의 부흥기였다. 2016년에 오르에르를 오픈할 때 그 덕을 톡톡히 봤다. 개인 인스타그램 계정에 가게 오픈에 대해 알렸는데, 오픈하자마자 사람들이 가게 앞에 긴 줄을 섰다. 그즈음부터 나도 눈에 인스타그램의 정사각형 프레임을 탑재하기 시작한 것 같다. 오르에르 공간을 꾸밀 때도 인스타그램에 올렸을 때 멋진 포토 스팟을 만드는 데 신경을 썼다.

예쁜 공간이 항상 성공하는 것은 아니다

처음에는 예쁜 공간이 사람들의 발길과 시선을 잡아둘 수 있지만 이후부터는 콘텐츠가 관건이다. 매번 같은 인테리어 사진만 올릴 수는 없지 않은가. 더구나 요즘에는 콘텐츠의 소비 속도가 너무나도 빠르다. 그래서 하드웨어(공간) 못지않게 소프트웨어(콘텐츠)가 중요하다. 예를 들어 LCDC 서울의 3층 공간은 늘 새로운 전시와 팝업, 자체 기획 등으로 채워지고 있다.

기획의 선수

원래부터 매출은 다음 순위였다. 그냥 재미있어 보이는 것 위주로 한다. 직접 운영을 하다 보니 어쩔 수 없이 비즈니스적인 마인드를 갖게 됐을 뿐이다. '콘텐츠 만들기'가 원래 하는 일이고, 주변 사람들도 모두 이쪽 계통이다. 지인들과 수다를 떨다 보면 이번에는 이런 프로젝트가 어떨까 하는 아이디어가 나온다.

어떤 콘텐츠가 매력적인 콘텐츠일까?

경험상 사람을 연결할 때 가장 흥미로운 이야기가 탄생한다. 내가 만든 공간에 다양한 사람들이 오는데, 평소 만날 것 같지 않은 사람들을 연결하면 멋진 콘텐츠가 되곤 했다. 문구점 포인트 오브 뷰에서 일본의 유명 다이어리 브랜드를 알리는 행사를 기획한 적이 있다. 평생 도장만 파온 일본의 한 작가를 초대했는데 반응이 아주 뜨거웠다. 다이어리 꾸미기 마니아들이 줄을 서서 도장을 맞추고 이름을 새겨 넣었다. 미처 생각하지 못한 광경이었다. 일본 도장 장인과 '다꾸'(다이어리 꾸미기의 준말) 덕후를 만나게 해줬더니 색다른 이야기가 만들어진 것이다. 자그마치를 운영할 때는 '손님의 발견'이라는 프로젝트를 진행했다. 범죄 심리학자나 독립서점 주인 등 자그마치에 오는 손님들을 강연자로 모셨다.

기획자가 본 성수동의 매력

성수동에는 서울의 다른 지역에서는 찾아보기가 힘든 붉은 벽돌 건물과 너른 공장지대가 많다. 자동차 공업사가 많아서 고가의 희귀한 수입차가 지나가고, 그 옆으로 공장 지게차가 서 있다. 공장 노동자와 젊은 디자이너가 한 거리를 걷는다. 혼재된 풍경이 매력적이다. 지금도 포인트 오브 뷰 바로 옆에 '팔방미인'이라는 간판을 단 미용실이 영업을 하고 있다. 사실 오르에르를 처음 낼 때 미용실 간판이랑 너무 안 어울린다고 생각했었다. 그런데 사람들이 그 간판과 오르에르 간판이 반반씩 나온 사진을 찍어 올리고 재미있어 했다. 그때 사람들이 좋아하는 성수동의 매력이 바로 이런 것이구나 하고 실감하게 됐다. 균일하지 않은 것이야말로 성수동의 가장 큰 매력이다.

거기 이제 지루하지 않아?

지역의 특색을 반영하지 않고 그저 트렌디하게 조성되는 공간들은 동네를 금세 지루하게 만든다. 그 지역만의 정체성을 살려야 오래가는 것 같다. 청담동에서도 볼 수 있는 세련된 가게를 성수동에 들이면 굳이 성수동에 올까? 연남동은 연남동대로, 성수동은 성수동대로 그 동네만의 특색과 분위기가 살아 있어야 한다. 그래야 '그 동네 이제 지루하지 않아?'라는 말이 쉽게 나오지 않는다.

요즈음 서울, 요즈음 동네

요즘에는 세계 여러 도시 중에서 서울이 제일 재미있다고들 한다. 사실 서울에서는 하루가 다르게 새로운 공간이 생기고 있다. 불과 10년 전만 해도 동네가 다 밋밋했다. 강남역이나 청담동, 홍대 정도의 대형 상권, 백화점, 클럽, 먹자골목 정도가 다였다. 지금은 을지로, 연남동, 서촌 등 서울 곳곳에 각각 나름의 색이 있는 지역이 생겼다. 서울에 실력이 뛰어난 기획자가 많이 등장했기 때문이다. 지역

의 색을 살리는 것이 중요하다는 것을 체감으로 아는 것 같다. 과거에는 어디를 가든 새로운 것, 세련된 것을 선호했다. 그런데 지금은 그 동네의 어떤 매력을 살릴 수 있을지를 고민한다. 성수동에 붉은색 벽돌 건물이 많은 것을 보고 오르에르를 벽돌 건물로 만들었다. 동네 분위기에 녹아들 수 있도록 간판도 작게 달았다.

앞으로 서울은 어떻게 변모할까?

지금은 춘추전국시대인 것 같다. 잘하는 곳, 이상한 곳, 촌스러운 곳, 멋있는 곳, 이해할 수 없는 컬트적인 곳 등 셀 수 없이 많은 시도와 도전들이 이루어지고 있다. 더 많이 생겨나서 망하고 살아남고, 이런 과정이 반복되면서 점점 제 색을 찾고 빛을 발할 것 같다. 그런 시간이 쌓여야 지금의 젊은 세대들이 이렇게 살아도 되는구나, 이런 것도 해도 되는구나 더 시도해볼 것이다. 다양한 삶의 방식이 허용되는 곳, 서울이 그렇게 변해갔으면 좋겠다.

어반플레이

홍주석

동네를 브랜딩하다

대학생을 중심으로 젊은이들이 많이 몰리는 신촌과 홍대는 서울 서쪽의 대표적인 상권이다. 또한 청춘을 대변하는 문화 지대이기도 하다. 예술적 분위기가 넘쳐났던 홍대 인근은 2000년대 초반, 사람들이 몰리면서 카페와 음식점, 대형 프랜차이즈 점포 등 대규모 자본으로 무장한 상업 공간으로 변모하기 시작했다. 상권이 발달하면서 일어난 자연스러운 현상이다. 임대료 또한 올라가기 시작해 2010년대 초중반부터는 젠트리피케이션(gentrification) 현상이 생겼다. 홍대 인근에서 개성 있는 상점을 만들며 일명 '걷고 싶은 거리'를 만들었던 예술가와 창작자 들은 이미 상업화된 홍대 지역을 떠나 개발의 때가 덜 묻은 주변 지역으로 흘러들었다. 상대적으로 임대료가 저렴했던 상수동과 망원동, 연남동, 연희동 일대다.

홍대 상권의 팽창으로 형성된 연남·연희 소비문화 지역은 현재 서울의 서쪽에서 가장 매력적인 동네로 손꼽힌다. 연남동 경의선 숲길을 따라 소문난 맛집과 개성 있는 공방이 들어서고, 전통적 부촌 정도로 여겨졌던 연희동은 어느새 줄 서는 카페로 북적이는 동네가 됐다. 낡은 구도심, 허름한 골목길을 놀이하듯 탐방하는 요즘 세대들에게 연남동과 연희동은 그야말로 매력적인 놀이터다.

도시에 색깔을 입히다

서울은 같은 콘크리트와 철근, 벽돌로 만들어진 비슷비슷한 건물이 즐비한 도시다. 그렇다면 한 동네의 특별한 색이 만들어질 수 있는 동력은 무엇일까? 청담동과 신사동, 성수동과 서촌이 각기 다른 이미지를 만들어내고, 지금의 홍대 앞과 연남동이 지리적으로 가까울지라도 전혀 다른 느낌으로 다가오는 이유는 무엇일까?

'어반플레이' 홍주석 대표는 도시의 색을 만드는 도시 브랜딩 전문가다. 주로 지역의 주요한 정체성을 담은 콘텐츠를 발굴해 도시를 재미있는 놀이터로 만든다. 도시 브랜딩이라고 하면 광고나 홍보 전문가인가 싶지만 홍 대표는 건축학도다. 한양대에서 건축을 배우면서도 건물을 짓는 일보다 건물 안에서 벌어지는 일들, 그러니까 콘텐츠에 관심이 많았다고 한다. 이후 카이스트 문화기술대학원에 진학해 지금까지 도시 문화 기획자의 길을 걷고 있다.

도시에는 건물과 도로, 상하수도 시설 같은 인프라가 필요하다. 그리고 고도화된 도시는 진화를 거듭할수록 물리적 인프라 외에도 그 도시의 색을 결정하는 문화 인프라를 필요로 한다. 하드웨어(도시)가 아닌 소프트웨어(콘텐츠)에 관심이 많았던 홍 대표는 대학원을 졸업한 후 홍대보다 임대료가 저렴했던 연남동에 연구소 개념의 작은 작업실을 차렸다. 당시 작업실의 이름이 '어반플레이'다. 몇 명이 모여 함께 작업실을 꾸렸지만 어떤 일을 하겠다는 구체적인 계획 없이 모인 터라, 모인 지 7~8개월 만에 각자 사업을 분리해 홍 대표 1인 창업으로 어반플레이를 법인화했다. 도시 (urban)와 놀이(play)를 결합시킨 회사 이름처럼 지역의 문화 콘텐츠를 발굴해 도시를 놀이터로 만들고자 했다.

'나의 도시, 나의 성심당'에서 「아는 동네」까지

초반에는 동네 콘텐츠 발굴에 관심이 있는 지방자치단체나 기업의 의뢰를 받아 지역 관련 콘텐츠를 만들어주는 일을 주로 했다. 2014년 공유 숙박 서비스 '에어비앤비'와 함께 진행한 프로젝트 '숨은 연남 찾기'가 대표적이다. 연남동에 있는 게스트하우스 10개 정도의 공용 공간을 빌려 전시를 하고 공연과 플리마켓, 문화 체험 등의 이벤트를 기획했다. 2014년에 진행했던 대전의 유명 빵집 성심당 프로젝트도 주목을 받았다. 성심당 60주년 기념 행사 '나의 도시, 나의 성심당' 전시의 기획을 맡았다. 대전역에서 작은 찐빵

집으로 시작해 오늘의 성심당이 되기까지의 이야기를 하나의 문화 프로젝트로 만들었다.

2015년에는 어반플레이의 이름을 알린 '연희, 걷다' 프로젝트를 시작했다. 연희동 일대의 경쟁력 있는 공간을 세상에 알리자는 취지로 동네 소상공인과 창작자 들과 협업해 만든 마을 축제다. 연희동 소규모 갤러리들의 공용 공간을 오픈해 연계 전시를 마련하거나 연희동과 연남동을 하나의 커다란 백화점으로 만들어 100개의 상점에 손님을 끄는 식이다. 첫해 10여 개 남짓의 공간이 참여한 이후, 2018년에는 50여 개가 넘는 공간이 참여하고 5천여 명이 넘는 관람객이 방문하는 대규모 마을 축제로 자리를 잡았다. '연희, 걷다'는 테마를 달리해 매년 열린다.

2016년부터는 네이버의 투자를 받으면서 회사의 외연을 넓혔다. 네이버가 지역 관련 콘텐츠를 기반으로 한 '우리 동네' 서비스를 준비하고 있을 때였다. 네이버와 함께 콘텐츠 협업 프로젝트를 진행하고 소상공인을 중심으로 한 창작자들을 지원하는 마케팅 프로젝트를 진행했다.

연남동 일대의 골목길에서 시작된, 지역을 재해석하고 기록하는 작업은 '아는 동네' 미디어 플랫폼으로 이어졌다. 어떤 동네를 기준으로 그곳에 사는 사람들, 지역에서 활동

누군가의 책방

하는 창작자들, 동네의 역사와 문화 등을 다양한 관점으로 조망하는 매거진 《아는 동네》가 중심이다. 2015년 《아는 동네 아는 연남》을 시작으로, 《을지로》, 《이태원》, 《성수》, 《강원》, 《인천》, 《연희》에 이어 최근에는 《아는 동네 아는 전주》를 펴냈다.

온라인 미디어 플랫폼에 콘텐츠가 쌓이자 이를 바탕으로 공간 만들기에 나섰다. 마침 온라인 비즈니스가 성행하면서 오프라인은 '경험'을 선사하는 공간으로 변모하기 시작했다. 보다 의미 있는 체험, 재미있는 경험을 찾아 사람들이 오프라인 상점에 몰려들기 시작했다. 단순히 물건을 파는 상점이 아니라 콘텐츠를 파는 상점이 주목받았다.

지역 커뮤니티와 창작자를 연결하는 공간들

2018년부터 어반플레이는 축적된 동네 콘텐츠를 기반으로 연남동과 연희동 일대의 창작자들과 함께 공간을 만들기 시작했다. 전시와 작업실, 공연장 등의 기능을 하는 복합 문화 공간 '연남장'을 필두로 연남동 창작자들의 공용 쇼룸 역할을 하는 '연남 방앗간', 건축과 관련된 창작자들이 모인 편집숍이자 커뮤니티로 기능하는 '정음철물', 글쓰기와 관련된 교육 프로그램 등을 진행하는 '기록상점' 등이다. 반려동물과 식물을 키우는 도시인들을 위한 공간인 '연희대공원'도 열었다. 공간을 만들고 기획하는 일은 어반플레이가, 이곳에 입주해서 직접 콘텐츠를 만드는 일은 연남동과 연희동 일대의 창작자들과 소상공인들이 한다. 그리고 사람들은 이들이 만든 공간과 콘텐츠를 소비하러 온다.

같은 상업 공간이어도 어반플레이가 만드는 공간에는 공통점이 있다. 사람(창작자)과 지역을 연결, 독특한 도시 콘텐츠를 만들어낸다는 점이다. 2020년에는 신진 아티스트와의 협업을 통해 다채로운 전시를 선보이는 예술 브랜드 '캐비넷클럽'을 만들고 연희동에 캐비넷클럽 하우스도 열었다. 다양한 시각에서 예술을 경험하는 법을 제안하는 실험적 예술 공간이다.

성수와 역삼으로 지역 범위를 넓힌 '스몰글라스'(2021)는 공예가들의 작품을 판매하는 편집숍과 와인바를 동시에 구성한다. 작가들의 잔에 와인을 마셔볼 수 있는 동시에, 작은 브랜드의 인큐베이팅 역할도 할 수 있는 공간이다.

마을 축제 프로젝트부터 온라인 미디어 플랫폼 운영, 공간 기획까지 아주 복잡하고 다양한 일을 하는 것 같지만 어반플레이가 하는 일은 '도시', '지역', '문화'라는 세 가지 단

어로 압축된다. 한마디로 동네에 숨어 있는 매력 있는 콘텐츠를 발굴해 획일적인 상업 지역이 아닌 개성 있는 문화 지대로 만드는 일이다. 커피와 참기름을 판매하고, 마을 축제를 기획하며 전시회와 문화 강연을 열어 매력 있는 '아는 동네', 연남동과 연희동을 만든 것처럼 말이다.

연남동과 연희동

2012년 작업실을 낼 때 보니 홍대 쪽에 콘텐츠를 기반으로 사업하는 회사들이 몰려 있었다. 홍대 주변은 비싸서 연남동 반지하에 들어갔다. 지내보니 동네의 매력이 상당했다. 일단 콘텐츠를 생산해내는 사람들이 많다. 단순한 식음료 업장이라도 젊은 사람이 자기만의 브랜드와 레시피로 운영한다. 지역을 지켜내는 힘이 바로 다양성인데, 연남동과 연희동 일대는 그런 다양함이 있었다. 단독주택이 많은 지역이라 높은 건물이 없고, 평지라서 산책하듯 거닐기 좋다는 물리적인 장점도 있었다.

이런 건 사업으로 하는 게 아니다?

창업하려고 보니 도시 콘텐츠 기획이라는 분야 자체가 국내에는 없었다. 콘텐츠와 관련된 일은 홍보 대행사에서 주로 했고, 도시 관련 일은 시행사나 개발사가 주로 맡았다. 어반플레이가 거의 처음으

로 도시 기획이라는 것을 했는데, 처음에는 '이런 것은 사업으로 하는 게 아니다'라는 얘길 정말 많이 들었다. 재단이나 지방자치단체에서 하는 일을 영리 기업이 한다는 것이 이상하다는 의미였다. 물론 지금은 다들 도시와 지역에 관련된 콘텐츠가 필요하다는 것에 공감한다. 콘텐츠가 좋으면 사람이 몰린다. 결국 콘텐츠가 골목 상권과 연결된다는 것을 알게 됐다.

부동산 → 콘텐츠 → 공간

공간을 흔히 부동산 사업이라고 생각하는데, 우리는 콘텐츠 사업으로 생각하고 시작했다. 단순히 공간을 빌려주는 것이 아니라 서비스하는 개념이다. 같이 모여 있으면 좋을 것 같은 사람들을 모이게 하고 공유할 수 있는 공간은 공유할 수 있게 했다. 요즘은 흔해진 공유 사무실 같은 개념인데, 우리는 창작자들이나 예술가들, 개성 있는 소상 공인들의 공유형 커뮤니티 라운지를 지향한다.

'연남장'과 '연남 방앗간'

연남장은 지역 창작자들을 위한 라운지다. 연남동과 연희동 일대의 창작자들의 다양한 콘텐츠를 한데 모아 소개하는 복합 문화 공간이다. 아래층에는 전시나 공연을 열 수 있는 넓은 무대가 있고, 위층에는 스타트업이 입주해 있다. 연남장과 어울리는 콘텐츠 창작자들을 발굴하여 지속적으로 소통하면서 팝업 스토어, 공연, 전시, 플리마켓 등을 연다. 연남방앗간은 참깨 라떼가 맛있는 카페로 알려져 있지만 로컬 브랜드들 공동의 기획 쇼룸이다. 연남동 일대에서 자생하는 지역 상인이나 소상공인, 창작자들의 콘텐츠와 상품을 전시한다. 쇼룸을 갖고 싶은데, 본인들 제품만으로는 어려울 때 보여줄 수 있는 공간을 지향한다.

동네 빵집은 복지다

몇 년 안에 오프라인에서 공간을 운영하는 사람들에게 정부가 지원을 해줘야 할지도 모른다. 온라인이 활성화되면서 오프라인에서 상점을 운영하는 것이 점점 어려워지고 있다. 하지만 매일 여는 빵집이 동네 주민에게 주는 가치는 크다. 새벽에 늘 같은 자리에서 빵 냄새를 풍기는 빵집은 안정감을 준다. 길을 지나는데 상점이 다 문을 닫고, 편의점만 즐비한 지역은 가치가 하락할 수밖에 없다. 그러면 지역의 복지 수준이 떨어진다. 빵집, 미용실 등 지역에 일정한 역할을 하는 공간을 만들어주는 것이 생각보다 중요하다. 방앗간이나 철물점 역시 빵집이나 미용실처럼 커뮤니티 기능을 내포하는 대표적 공간이다. 마을에 하나쯤 있어야 한단 얘기다. 다만 지금은 방앗간이나 철물점만으로는 공간을 운영하기 힘든 시대다. 그래서 카페 겸 방앗간 '연남 방앗간', 철물점이자 공유 공간 '정음철물'로 재해석했다.

'연남장'은 동네 극장을 재해석한 공간이다.

기획자의 피

건축을 공부하면서 '어떤 대지에 3층 상가 건물을 지어라'와 같은 과제가 정말 힘들었다. 누가 사는지, 뭘 하는지, 뭘 파는지, 몇 명이 오는지 등 담기는 콘텐츠에 대한 고려 없이 공간을 만드는 것이 불가능하게 느껴졌다. 기본적으로 DNA에 기획자의 피가 흘렀던 것 같다. 도시 문화를 연구하다 보니 결국은 콘텐츠가 중요하다는 결론을 내렸다. 요즘은 이런 콘텐츠가 부동산 가치도 결정한다.

작은 상점들이 동네 문화를 만든다

좋고 나쁨은 없다. 다만 다양해야 한다. 개인 브랜드가 다양해야 동네와 골목이 살아난다. 그리고 결국은 사람이다. 일반 시민들도 문화 예술적 감수성을 가질 수 있어야 한다. 조그만 사탕 가게를 하나 해도 개성 있는 자기만의 것을 해야 한다. 사실 일본이나 유럽 등 문화적 감수성이 높은 나라는 소상공인이나 창작자들이 꽃피운 골목 문화, 지역 문화가 상당하다. 마을의 협동조합도 잘 되어 있어서 우리 같은 영리 기업이 동네 브랜딩이나 콘텐츠 기획을 하지 않아도 충분하다. 한국은 세계에서 유래를 찾아보기 어려울 만큼 특수한 환경이다. 조금 사람들이 몰린다 싶으면 어느 순간 골목 하나가 금세

대형 프랜차이즈 상점으로 뒤덮인다. 자본력이 없는 소상공인이나 창작자들이 자생하기에 상당히 어려운 구조다. 지금은 아이돌을 키우듯이 소상공인도 키우고 지원해 동네 문화를 만들어야 할 때다. 잠재적 가능성이 있는 작은 상점들이 짓밟히고 있다.

오프라인 공간은 생활이라기보다 관광

젊은 세대들의 일상은 대부분 온라인 기반이다. 그러다 보니 오프라인에서만큼은 특별한 경험을 찾는다. 생필품은 온라인으로 주문해도, 맛있는 커피나 좋은 공간을 소비하러 오프라인 카페를 찾는다. 오프라인 공간은 이들에게 '생활'이라기보다 '관광'이다. 자연스레 서울 안에서도 마치 여행하는 기분을 낼 수 있는 연남동이나 성수동, 서촌 같은 동네에 관심을 갖는 듯하다.

수요자 중심 시대에서 살아남기

과거에는 물건이든 문화든 공급이 너무 적은, 공급자 중심의 시대였다. 공급자가 몰려 있는 중심지와 번화가에 사람들이 몰렸다. 지금은 다르다. 물건도 즐길 거리도 넘쳐난다. 수요자 중심의 시대다. 예전처럼 공급자가 그려놓은 틀 안에 들어가려고 하지 않는다. 맛있는 소머리 국밥이 있다면 스마트폰 하나 들고 지방의 어느 소도시까지 찾아 간다. 점점 한곳으로 몰리는 현상은 줄어들 것이다. 서울보다는 지방으로, 서울 안에서도 중심지보다는 외곽으로 이목이 향할 것이다. 이 과정에서 흥하는 곳과 망하는 곳이 극단적으로 나뉠 것이다. 기준은 콘텐츠다. 콘텐츠가 있는 지역은 살아남고, 그렇지 못한 곳은 죽는다. 서울 안에서도 힘든 동네가 생길 것이고, 지방이라도 독특한 콘텐츠가 있으면 살아남는다. 강원도 강릉이 좋은 예다.

로컬은 상품이 아니다

최근에는 로컬이 하나의 유행처럼 여겨지는 것 같다. 오프라인에서는 지역 콘텐츠가 특히 더 중요하다. 백화점을 창업하는 것이 아니기 때문이다. 바로 그 골목에서 바로 그 지역에 어울리는 브랜드를 창업해야 한다. 로컬은 오히려 유행이라기보다 필수다. 로컬을 상품화하는 것이 아니라, 비즈니스의 기저에 깔려 있는 개념으로 이해하면 쉽다.

서울의 매력은 잡스러움

요즘 들어 자기만의 감각적인 공간을 일구는 기획자들이 많아졌다. 무엇보다 반가운 것은 지역과의 연결성에 대한 고민이 늘었다는 점이다. 연남동에 카페를 낸다면 연남동의 색을 입혀야 통한다는 생각을 기본적으로 가지고 있다. 그러면서 동네별로 개성이 뚜렷해지고 있다. 서울의 매력은 다양성이다. 시쳇말로 잡스럽다. 좋은 것, 낡은 것이 섞여 있는데, 그래서 계속 보게 된다.

본질적 공간 콘텐츠에 대한 고민

코로나19를 거치면서 오프라인 공간의 변화에 대한 공부를 많이 했다. 아무래도 카페 위주의 영업을 하는 공간들은 인위적 영업시간 제한 때문에 타격이 있었다. 그러다가도 평일에는 재택근무가 활성화하면서 오히려 매출이 오르기도 했다. 오프라인 공간의 본질에 가까운 것을 서비스하면 살아남을 수 있다고 생각한다. 온라인이 대체 불가능한 것들 말이다. 또한 오프라인 공간을 운영하는 데 대한 위험도가 상당히 높아졌다. 지가도 너무 높아졌고, 이제 오프라인 공간은 일반 개인이 운영하기 힘든 영역이 됐다. 전문적 역량을 가진 기업이 운영하지 않으면 살아남기 어려워졌다.

오프라인의 경쟁력

콘텐츠 경쟁력이 더 중요해졌다. 어쨌든 사람과 만나야 하니 오프라인에 무형의 가치가 있다고 하는데, 사실 그 가치는 정량적으로 측정하기 어렵다. 그보다는 결국 임팩트의 차원, 깊이(depth)의 차원으로 흘러가지 않을까 생각한다. 그 공간이 개인에게 얼마나 큰 임팩트를 줄 수 있는지, 그 정도가 얼마나 깊은지 말이다. 공간이 상품에서 정서로 변화하고 있다고 생각한다. 정서적 만족이 있으면 꾸준히 찾는다.

온라인과의 연계

경험의 본질이 온라인으로 이어지게끔 해야 하는데 쉽지 않다. 코로나19로 연남장에서 하던 공연을 온라인 생중계로 진행해보았다. 결과는 조금 허무했다. 오히려 연남장에 와야 하는 이유가 더 명확해지는 경험이었다. 온라인은 목적이라기보다 수단에 가깝다. 팬층을 만들고, 고객을 위한 서비스 공간으로 기능할 때 효과적이다. 오프라인을 매일 체험할 수 없으니, 온라인에는 브랜드와 팬의 관계를 이어갈 수 있는 콘텐츠를 싣는다.

프로젝트 렌트

최원석

덕심의 빌드 업

서울 성수동 서울숲 근처 작은 골목길 안쪽에는 매월 매주 변신하는 작은 상점이 있다. 여섯 평 남짓한 작은 가게에는 어떤 날은 가죽 제품을 파는 공방이, 어떤 날은 반려동물 용품을 판매하는 브랜드가 자리한다. 구경하는 것만으로도 재미있는 각종 문방사우가 가득한 문구점이 문을 열기도 하고, 유서 깊은 초콜릿 브랜드가 초콜릿 카페를 여는 실험을 하기도 한다.

브랜드 이야기만 펼쳐지는 것은 아니다. 가끔은 토종 볍씨가 매장 천장에 가득 매달려 있는 희한한 광경이 연출되기도 하고, 어떤 때는 자신의 미래를 알고 싶은 이들을 위한 '점집'이 차려지기도 한다. 이 이상한 공간의 정체는 '프로젝트 렌트'. 말 그대로 누구나 빌려서 하고 싶은 이야기를 펼칠 수 있는 공간이다.

월 단위도 아닌, 주 단위로 공간을 빌려주고 작은 브랜드 저마다의 이야기를 나눈다. 이 특별한 공간을 만든 이는 브랜드 컨설팅 전문 기업 '필라멘트앤코(FILAMENT&CO)'의 최원석 대표다. 최 대표가 '프로젝트 렌트(오프라인 팝업 스토어 기반의 마케팅 플랫폼 공간 서비스)'의 아이디어를 떠올린 것은 2018년 초, 서울 강남구 신사동에 50여 평의 비어 있는 건물을 발견하면서부터다. 공사가 예정되어 있어 그야말로

'공실'이었던 이곳에 22일간 한남동 '아러바우트 커피'와 부천 독립출판서점 '오키로미터북스'가 입점한 복합 문화 공간을 운영했다.

잡지 같은 공간을 지향하는 이유

매달 발행되는 월간지에 읽을 만한 콘텐츠가 선별되어 실리는 것처럼, 공간에서도 매월 가치 있는 브랜드의 이야기가 펼쳐질 수 있다면 어떨까? 최원석 대표는 지면처럼 구획을 나누어 매달 새로운 이야기를 써 내려가는 공간을 상상했다. 그리고 그곳에 이왕이면 작은 브랜드의 고유한 이야기를 펼쳐놓길 바랐다.

처음 프로젝트 렌트의 공간이 펼쳐진 곳은 서울에서 가장 트렌디한 거리로 꼽히는 신사동 가로수길 부근이다. 2차선으로 길게 이어지는 작은 도로 옆에 녹색 가로수가 즐비해 일명 '가로수길'로 불리는 곳이다. 가로수 뒤편 도로를 따라 길가에 자리한 작은 디자인 공방, 감각적인 편집 매장, 개성 있는 카페와 빵집이 자리하면서 연인들의 데이트 장소로, 최신 트렌드를 알고 싶은 이들의 배회지로 주목받았다. 하지만 사람들의 발걸음이 이어진 지 오래지 않아 가로

수길은 어느새 화장품 브랜드와 대기업 패션 브랜드, 프랜
차이즈 식당과 카페가 즐비한 재미없는 상점가가 됐다.

"사람들이 가로수길에 갔던 이유는 대기업이나 유명 브랜드의 상
점을 들르기 위해서가 아니었어요. 유명하진 않아도 개성 있는,
소위 말해 돈 냄새가 나지 않는 콘텐츠를 소비하기 위해서 시간을
내 가는 거죠. 요즘 들어 가로수길이나 명동 등 서울의 이름값 높
은 거리가 재미없어졌다고 하잖아요. 유명 브랜드의 화장품 매장
만 즐비한 거리에 사람들이 매력을 느끼긴 어렵죠."

프로젝트 렌트가 잡지 같은 공간을 지향하는 이유가 여
기에 있다. 사람들이 좋아할 만한 볼거리가 있는 콘텐츠를
오프라인 공간에 펼쳐놓는 것. 꼭 들러서 볼 만한 가치가 있
는 매력적인 콘텐츠로 꽉 찬 공간을 만들고자 했다.

좋은 콘텐츠로 채워진 공간은 이곳을 구경하는 사람들
에게만 의미 있는 것이 아니다. 공간이 필요하지만, 쉽게 확
보하기 어려운 작은 브랜드를 위한 공간이기도 하다. 소규
모 브랜드라면 테스트 매장으로 활용할 수 있고, 사람들에
게 브랜드를 알리는 마케팅 플랫폼으로도 이용할 수 있다.
또 임대와 임대 사이 건물이 비어 있는 기간을 활용하기에

건물주로서도 손해 볼 일은 없다. 오히려 좋은 공간으로 입소문이 나면서 주변 상권이 활성화되고, 건물 가치가 상승할 수도 있다.

22일간 무려 1만 8천 명이 발걸음

잡지와 같은 감각으로 편집한 오프라인 공간으로 사람들에게 의미 있는 콘텐츠를 제공하고, 브랜드에는 마케팅 기회를 준다. 최원석 대표의 실험은 성공적이었다. 노출된 콘크리트를 그대로 살리고, 나무판자로 간이 테이블을 만든 신사동의 50여 평 공간에 자리한 프로젝트 렌트 1호점에는 공간이 열린 22일간 무려 1만 8천 명이 발걸음을 했다.

본래 프로젝트 렌트의 취지는 임대와 임대 사이 2~3개월 정도 비는 건물을 단기 임대하는 방식으로 프로젝트를 순차적으로 이어가는 것이었다. 하지만 적당한 건물과 적당한 임대 시기 등 조건을 맞추기가 어려웠다. 아예 프로젝트 렌트만의 공간을 내기로 결심했다. 성수동 서울숲 근처 작은 매장이 바로 정식 프로젝트 렌트 1호점이다.

프로젝트 렌트 운영 외에 각종 브랜드의 고민 해결을 위한 컨설팅을 하는 최원석 대표는 고객사들이 고민하는 공통적인 한 가지 질문에 주목했다. 바로 오프라인 매장을 내고 싶은데 겁이 난다는 것이다. 비싼 서울 요지의 공간을 임대하고 덩달아 비싼 인테리어 비용까지 감당해 상점을 열었는데 사람들이 오지 않으면 어떻게 할까? 요즘같이 온라인이 활성화된 시대에 오프라인 매장을 여는 것은 여간 부담이 되는 것이 아니다.

온라인 시대의 오프라인 숍

그렇다면 말 그대로 온라인 시대에 왜 굳이 오프라인 숍을 고민할까? 최원석 대표는 오프라인 공간의 희소성에 주목한다. 온라인으로 자원과 관심이 집중되는 지금, 오히려 오프라인에서 독특한 일을 벌이면 더 주목받을 수 있다는 의미다.

"어떤 브랜드가 홍보를 위해 브랜드 광고를 한다고 가정해보세요. 요즘은 온라인에서 주목받는 광고를 하기 훨씬 어려운 시대예요. 온라인 광고에 수억을 들여 휘발성 홍보를 하니, 강남역에서 브랜드 로고가 박힌 생수 한 병을 나눠주는 편이 더 이득일지도 몰라요."

물건을 판매하고 유통하는 것은 온라인이 확실히 우위지만, 어떤 브랜드만의 색과 이야기를 전할 때는 오프라인이 훨씬 유리하다. 잘 만들어진 공간은 사람들이 기꺼이 찾아와 소문을 내준다. 게다가 이렇게 기꺼이 찾아오는 사람들은 온라인에서도 정보 발신력이 센 사람들일 확률이 높다. 한마디로 핫한 곳을 기어코 찾아가 인증샷을 남기는 이들은 온라인상에서도 '인싸'일 확률이 높다는 얘기다. 무엇보다 여전히 사람들은 직접 만져보고 경험할 수 있는 브랜드를 좋아한다. 이런 경향은 온라인 세계가 고도화될수록 더 강해진다.

작은 브랜드를 위한 실험실을 빌려준다는 콘셉트의 프로젝트 렌트에 여러 소규모 브랜드가 문을 두드린 이유다. 규모는 크지 않지만 좋은 콘텐츠를 지닌 감각 있고 개성 있는 온라인 브랜드가 주를 이루었다. 반려동물을 위한 라이프스타일 브랜드 '호라이즌앤코', 업사이클 가방 브랜드 '씨랜드', 문구 브랜드 '프렐류드스튜디오' 등이다. 호응이 좋았던 덕에 현재 성수동에만 여섯 개의 프로젝트 렌트 공간이 생겼다.

재미있는 생각들을 위하여

프로젝트 렌트에는 최원석 대표의 사심이 담긴 자체 기획도 이어진다. '평양 슈퍼마케트' 팝업 스토어가 대표적이다. 통일부와 함께 했던 프로젝트의 번외편으로 통일 후 북한에 생길 수 있는 슈퍼마켓을 모티브로 웨스 앤더슨 감독의 영화 〈그랜드 부다페스트 호텔〉의 분위기를 담은 공간을 연출했다. 북한 슈퍼마켓에서 볼 법한 '손가락과자', '불알캔디', '딱친구캔디' 등이 파스텔톤의 감각적 디자인을 입고 방문객을 맞았다. 북한이탈주민이 직접 만든 북한식 제품을 재미있고 세련된 패키지로 풀어내 자칫 딱딱하고 무섭게 느껴질 수 있는 북한에 대한 인식을 부드럽게 바꿔보고자 했다.

뜬금없이 '맛있는 밥이 먹고 싶다'는 생각을 한 후 토종벼를 주제로 한 전시를 기획하기도 했다. 토종 볍씨부터 우리 쌀 브랜드, 짚으로 만든 물건 등을 전시하는 식이다.

'성수당'이라는 점집을 오픈한 적도 있다. 무형문화재 배연신굿 이수자를 데려다 점을 보고 복을 기원하는 부적과 부채 등 각종 굿즈도 제작했다.

실험은 계속된다

오프라인 콘텐츠 프로바이더. 최원석 대표가 프로젝트 렌트를 통해 하고 싶은 일이다. 성수동에 벌써 여섯 개의 렌트 매장으로 브랜드의 이야기를 담았던 그가 서대문구 대현동, 강남구 역삼동에 또 다른 렌트 실험실을 꾸렸다. 서대문구와 함께 만든 이화여대 앞 렌트에서는 좋은 콘텐츠가 있는 오프라인 공간이 어떻게 거리를 살리는지에 대한 실험이 한창이다. 부산 지역에서 인기 있는 커피숍을 서울 이대앞에서 펼쳐놓았던 '부산 커피 위크'는 다시 한 번 열리기를 참가자들이 손꼽아 기다리는 히트 콘텐츠가 됐다. 지난 겨울에는 비어 있는 상가를 모아 일주일간 아홉 개의 독립출판서점을 입점시켜 '북 위크'를 진행하기도 했다. 썰렁한 거리에 모처럼 활기가 돌았음은 물론이다. 일평균 트래픽 200명인 거리가 주말 최대 2,700여 명까지 증가했다. 무려 1,350퍼센트나 상승한 셈이다.

역삼동의 렌트는 처음으로 사무실 건물 로비에 둥지를 틀었다. 건물 내의 직장인들에게 지적 자극을 줄 수 있는 콘텐츠를 제공한다는 목표로 GS와 협업했다. 유동인구보다는, 지역 고객 브랜드 테스트 모델로 활약할 예정이다. 첫

타자로 구독 미디어 '롱블랙'과 함께했다.

사람들을 모이게 하라

프로젝트 렌트에는 브랜드의 이야기가, 경험거리를 찾아 오프라인 공간을 오가는 사람들의 이야기가 있다. 오프라인 매장이 겨냥해야 할 것은 멋진 공간 콘텐츠나 체험거리뿐만 아니라 아마도 이런 사람들일지도 모른다. 관심사가 비슷한 사람들이 만날 수 있는 장소. 최원석 대표가 프로젝트 렌트에 담고 싶은 궁극의 맛은 바로 이런 것이다.

story & insight

하는 일

기업으로부터 브랜드 컨설팅 의뢰를 받는 일이 주다. 상품의 이름을 짓거나 마케팅 전략을 수립한다. 제약 쪽부터 F&B까지 다양하다. 지자체와의 일도 많이 한다. '평양 슈퍼마켓'는 통일부의 자문 의뢰로 만들어진 기획이다. 서울 서대문구청과 함께 이화여대 앞의 상권 활성화를 위해 '프로젝트 렌트 4호점'을 내고 '부산 커피 위크' 등을 기획하기도 했다.

작은 브랜드들이 마음껏 실험할 수 있는 장소

서울 요지의 임대료가 많이 비싸다. 오프라인에 공간을 내고 싶은데 임대료가 너무 비싸니까 임대와 임대 사이 공실이 되는 건물을 활용해보면 어떨까 하는 아이디어를 냈다. 물론 결과적으로 이 아이디어는 단 한 번밖에 실현되지 않았다. 임대 정보를 아는 데 한계가 있고, 공실을 예측하기가 어려웠다. 성수동에 프로젝트 렌트의 상설 공간을 마련한 이유다. 작은 브랜드들이 들어와서 마음껏 실험할 수 있는 장소로 활용했으면 했다.

돈 냄새는 매력적이지 않다

돈 냄새 나는 대기업 브랜드 매장으로만 가득 찬 서울의 거리가 아쉬웠다. 어느 순간 가로수길이 참 재미없게 느껴졌다. 사람들이 보고 싶어 하는 볼거리가 있어야 거리에 생명력이 살아난다. 최근에는 작은 브랜드여도 기획력이 빛나는 잘 만든 브랜드가 많다. 프로젝트 렌트에 이런 보석 같은 브랜드의 재미있는 이야기를 담고 싶었다.

자체 기획

지금은 프로젝트 렌트가 알려지면서 벌써 몇 달 후까지 예약이 꽉 찼지만, 처음에는 조금씩 비는 기간이 있어서 필라멘트앤코의 자체 기획도 풀었다. '토종벼 이야기'가 대표적이다. 식당에서 밥을 먹는데, 불현듯 맛있는 쌀밥이 먹고 싶다는 생각이 들었다. 쌀로 유명한 이천의 한 농부를 찾아가서 왕에게 진상했다는 쌀을 구하려고 했지만 기록에 있는 쌀은 이미 존재하지 않았다. 조사하다 보니 한국의 토종벼 1,400여 종에 대해 알게 됐다. 토종 볍씨를 전시하고 이 공간에서 관련 워크숍도 열고 판매도 했다.

오프라인, 오프라인, 오프라인.

앞으로는 최고의 마케팅 도구가 될 것이다. 무신사도, 아마존도, 온라인에서 성공하는 브랜드들이 모두 오프라인 공간에 욕심을 낸다. 물론 전통적 오프라인 기반의 회사들도 오프라인 공간을 다시 정의해야 한다. 일본의 츠타야가 서점이 아니라 책을 수단으로 한 공간 서비스업을 하는 것처럼 말이다.

양의 경제와 질의 경제

양의 경제를 졸업하고 질의 경제 시대로 넘어왔다고 생각한다. 거액의 광고비를 들여 여러 매체에 무차별적으로 뿌리는 광고가 과연 효율적일까? 그보다는 사람들이 봤을 때 감탄할 수 있는, 가치 있는 콘텐츠를 담는 것이 좋다. 그럴 때 오프라인에서 뭔가를 하는 것이 훨씬 도움이 될 수 있다. 빙그레가 연남동에 '투게더' 아이스크림 팝업 스토어를 낸 것처럼 말이다. 아이스크림을 퍼주어도 온라인 광고 비용 대비 아주 적은 수준이다. 효과는 탁월하다.

세포에서부터 감이 온다!

창업 이전에는 LG에서 제품 디자인을 했다. 당시에는 출시하기 최소 1년 전에 디자인이 다 끝나고, 출시 후에도 피드백을 받으려면 또 6개월을 기다려야 했다. 반면 식당이나 카페 컨설팅은 일주일 안에 반응이 온다. 요즘에는 셰프가 식당의 주인공이 아니다. 라이프스타일 기획자의 시대다. 그 공간에서 어떤 다이닝 경험을 선사할 것인지가 중요하다. 그래서 디자이너나 기획자가 컨트롤할 수 있는 범위도 넓어졌다. 반응도 칼 같다. 워낙 좋은 곳을 많이 다니다 보니 서울 사람들의 경험치가 높은 편이다. 좋은 식당과 카페는 들어가는 순간 세포에서부터 감이 온다고 한다. 재미있고 무섭다.

가장 많이 하는 실수

요즘 서울의 잘되는 식당이나 카페의 수명이 참 짧은 것 같다. 팝업도 마찬가지다. 팝업도 팝업이기 때문에 오는 시대는 이미 지났다. 진짜 메시지가 있고 친구에게 추천할 만큼 가치가 있는지, 가야 할 이유가 있는지가 관건이다. 갈수록 본질이 더 중요해지고 있는 것이다. 지속의 비결 역시 콘텐츠다. 아무리 인테리어가 좋고 맛이 좋아도, 오랫동안 '핫'함을 유지하려면 계속해서 뭔가 새로운 것을 궁리해야 한다. 협업도 하고, 메뉴도 개발하고…. F&B를 낼 때 가장 큰 아쉬움이라면 인테리어에 돈을 너무 많이 쓴다는 점이다. 요즘은 인테리어가 근사한 식당이 너무 많다. 그러나 하드웨어보다는 소프트웨어가 중요하다. 그 비용을 줄여 콘텐츠 개발에 힘쓰는 편이 낫다고 생각한다. 식당에도 기획이 필요하다.

기획의 핵심, '우리가 이걸 왜 할까?'

예전에는 만들면 팔리는 공급자 중심의 시대였다. 지금은 소비자의 얄팍한 지갑 대비 제품과 서비스가 너무 많다. 사람들의 시간은 점점 귀해지고 집중력은 짧아졌다. 물건을 파는 것을 넘어 좀 더 근본적인 질문이 필요한 이유다. 우리가 이걸 왜 할까. 프로젝트를 앞두고 항상 하는 질문이다. 내가 하고 싶은 이야기를 정하는 단계가 가장 중요하다. 평양 슈퍼마켓의 디자인 자체는 이틀 만에 완성했다. 그보다는 통일에 관해 어떤 이야기를 할지 정하는 단계가 길고도 험난했다. 이야기가 명확해지면 그에 걸맞은 결과물은 쉽게 나온다. 막연하게 뭔가 예쁜 공간을 만들고 싶다고 하면 정말 너무 어려워진다.

기억에 남는 팝업

아직 개발되지 않아 일명 '성수읍'으로 불리는 남성수 지역에 올드타운점을 낸 뒤 첫 팝업으로 그 유명한 '가나초콜릿'을 모셨다. 오래되고 익숙한 브랜드지만, 새롭진 않은 브랜드를 새롭게 보여주기 위해 초콜릿을 먹고 마시는 문화 공간을 만들었다. 번화하지 않은 남성수에서 했던 팝업이었는데도 대기가 200명까지 찍혔다. 6주간 약 2만 1천 명 정도가 방문했다. 렌트 중에서는 공간도 넓은 편이라 초콜릿 페어링 바, 카페 등 렌트의 서비스 모델을 복합적으로 설계할 수 있었다. 무엇보다 피드백이 기억에 남는데, 어떤 방문객이 "그저 그런 굿즈 몇 개 가져다 놓고 포토존 만들어놓은 평범한 팝업인 줄 알았는데, 초콜릿에 대한 '진심'이 묻어나는 공간"이라고 평했다. 우리 의도가 적중한 것 같아서 너무 기분이 좋았다.

좋은 팝업의 기준

"다음에 또 언제 해요?"라고 손님들이 물어보게 하는 것. 이화 여대 앞에서 연 '부산 커피 위크'는 또 언제 하는지 물어보는 사람들이 정말 많았다. 사실 성수동에서만 줄잡아 하루에 100여 개쯤 팝업이 열리는 것 같다. 단순히 '예쁘다, 잘했다'가 아니라 '얘네 진심이야'라는 피드백을 받고 싶다. 브랜드 관점에서 최상위 표현이 아닐까 싶다. 가나초콜릿은 렌트 팝업 이후 브랜딩을 제대로 할 수 있는 브랜드로 자리 잡았다. 같이 할 수 있는 파트너들이 바뀌고, 보다 상위 레벨의 커뮤니케이션으로 올라설 수 있는 기회를 만든 것이다.

초기 렌트와 지금 렌트

어느 순간, 거리에 빈 부동산이 나오면, 임대 현수막 대신 팝업 현수막이 나붙기 시작했다. 그리고 다른 많은 매장들이 프로젝트 렌트가 했던 여러 실험들을 따라하는 모습이 보였다. 누군가 따라해준다는 것은 우리가 옳은 방향으로 나아가고 있고, 여전히 매력적이라는 의미일 듯하다. 근본적으로는 건물주들의 태도가 바뀌었다.

초기만 해도 앞으로는 콘텐츠가 없으면 건물주가 유리한 상황이 아니라고 얘기해도 아무도 믿지 않았다. 이제는 사람들이 이런 사실을 어느 정도 받아들이기 시작했다. 새로운 건물이 공급되고, 이를 채울 수 있는 '수준 있는' 플레이어들의 수는 한정되어 있다. 건물주가 건물을 살리려면 이런 플레이어를 데려오기 위해 노력해야 한다. 지금 시장에서 괜찮게 한다는 플레이어들은 좋은 제안을 정말 많이 받는다. 이들이 갑이다.

프랜차이즈의 시대는 끝났다

역설적으로 코로나19 기간에 '소수'의 좋은 공간에 사람들이 '더' 몰렸다. 오프라인을 대충 하면 사람 모으기가 더 힘들어졌다. 애매한 비즈니스 플레이어는 사라지고 진짜 선수들만 남았다. 이제는 성수에 카페를 내서 성공하려면 상당한 전투력이 필요하다.

고민

렌트가 하는 팝업의 퀄리티를 더 입체적으로 높일 수 있을지 고민한다. 팝업을 하나 할 때마다 조금씩 작게 도전 과제를 넣고 있다. 사실 가나초콜릿 하우스도 그렇게 '오버 스펙'을 할 필요까진 없었는데, '이제 이 정도의 완성도는 나와줘야 하지 않나?' 하는 개인적 고집이 있었던 것 같다.

목표

해외에 진출하는 것이 꿈이다. 시작은 뉴욕이 되지 않을까 싶다. 비즈니스 모델을 어떻게 만드느냐가 관건이다. 그것이 가장 핵심적인 문제가 될 것 같다.

놀라운 도시 서울

지금 가장 놀라운 도시가 아닐까. 츠타야 관계자들이 코엑스 별마당 기획 때문에 많이 왔었는데, 한국에 오면 커피숍을 가는 것이 너무 좋다는 얘기를 했었다. 벌써 3~4년 전이다. 지금은 서울에 괜찮은 공간의 카페가 하루에 열 개씩 나타나는 느낌이다. 그만큼 레벨이 높아졌다.

라이프스타일 비즈니스

자본주의가 발달할수록 취향 베이스의 비즈니스밖에 답이 없다. 취향이 사회적 계급을 증명하기 시작했다. 차나 집처럼 과시적인 것이 아니라, 자신만의 뭔가를 찾아낸 사람들이다. 일본만 해도 장인을 존중하는 사회적 분위기가 있는데, 그 장인의 작품을 사는 게 본인의 취향이고, 소셜 자본이라는 인식이 있기 때문이다. 소비하는 취향이 나를 나타내주는 것이다. 또한 취향이 어느 레벨 이상이 되면 존중받고, 나아가 비즈니스가 될 수 있다. '유용욱바비큐연구소'나 '다니엘

오마카세'의 사례처럼, '양'의 시대에서 '질'의 시대로 변화했고, 이런 접근법이야말로 개인이 기업을 이길 유일한 방법이다.

기획자의 자질

기획자들은 점점 더 '덕심'이 있어야 한다고 생각한다. 결과를 얻기 위해서가 아니라, 그냥 좋아서 하는 것! 그런데 그것이 참 어렵긴 하다. 덕심으로 파고들다 보면 취향이 '빌드 업'되면서 자연스레 비즈니스로 연결이 된다. 공부 없이 자기가 본 것이 많으니 할 수 있다고 착각을 하는데, 이쪽 업계에서는 흔히 '츠타야 병 걸렸다'고 얘기한다. 내면 잘 될 것 같지만, 비즈니스의 세계는 냉혹하다.

없는 얘기

츠타야 매장을 운영하는 CCC 그룹의 창립자이자 대표인 마스다 무네아키(增田 宗昭)는 "사람들에게 기획서를 줬을 때 이해한다면 좋은 비즈니스가 아니다"라고 했다. 알아들을 정도면 이미 시장에서는 비슷한 제품이나 서비스가 나올 준비가 다 되어 있다는 뜻이다. 상상도 하지 못한 새로운 가능성을 보여주고, 사람들이 동의하지 않으면 오히려 성공할 가능성이 있는 것 같다. 그런 면에서 돈이 될 것 같으니까 하기보다, 그냥 하고 싶은 것을 해야 한다. 그래야 깊이 들어갈 수 있고, 그러면 생존할 수 있다.

패브리커

김성조 & 김동규

'공간'에 들어서자마자 느껴지는 것

일부러 만들 수 없는 세월의 더께가 켜켜이 쌓인 카페에 간다. 오래된 건물이라 그런가. 커피 맛이 각별하다. 공간에 스며 있는 세월을 발견하는 재미가 더해졌기 때문이다. 요즘 서울에서는 오래된 창고나 병원, 공장 등을 개조해 카페나 식당 등 상업 공간으로 만드는 공간 재생이 활발하다. 낡았지만 마냥 예스럽진 않아 매력적이다. 새로운 낡음이다.

2016년 9월 서울 성수동에 카페 '어니언'이 문을 열었다. 투박한 벽돌 건물이며 녹슨 철문, 낡은 타일의 카페에는 오랜 시간의 흔적이 배어 있다. 이곳은 불과 몇 년 전까지만 해도 '신일 금속'이라는 금속 부품 공장이었다. 1970년대에 지어진 이후 슈퍼와 식당, 가정집과 정비소, 공장이 차례로 들고나며 세월에 세월을 더했다.

660제곱미터(200평) 남짓의 두 동짜리 건물은 영화 세트장을 방불케 할 만큼 날것 그대로다. 허물어진 벽을 그대로 살리고 벽에 붙은 스티커나 얼룩 하나도 지우지 않았다. 구조도 특이하다. 두 동 사이에는 아무렇게나 자란 풀이 무성한 중정이 있고, 좁은 계단을 타고 올라가면 나타나는 너른 옥상에는 울퉁불퉁한 콘크리트 바닥이 무심하게 노출되어 있다. 곳곳에 놓인 의자와 테이블이 아니었다면 카페인지 알아차리기 힘들 정도다.

당장 허물어도 이상하지 않은

폐건물에 가까운 카페. 낡아서 외면받을 것이라고 생각하면 오산이다. 1층의 카운터는 쉴 새 없이 커피를 추출하는 소리와 주문을 받는 소리로 분주하다. 어니언의 또 하나의 명물인 빵과 함께 커피를 들고, 어떤 의자와 테이블에 앉을지 여기저기를 탐색하는 손님들로 공간은 빼곡하다.

카페는 지금 서울을 이야기할 때 빼놓을 수 없는 공간이다. 2018년 기준, 미국과 중국에 이어 세계 3위라는 커피전문점의 매출액은 놀라울 따름이다. 커피에 각별해서도 그렇지만, 카페 투어라고 부르며 공간을 소비하는 문화가 한몫하고 있다. 맛있는 커피도 중요하지만 이왕이면 감각적인 공간에 머물고 싶다는 생각을 한다. 어느새 서울의 카페는 공간의 최신 트렌드를 볼 수 있는 장소가 됐다.

발에 채일 듯 흔한 서울의 카페 중에서도 어니언은 유독 '공간'으로 주목받는다. 성수동에 '대림창고', '자그마치' 등 복합 문화 공간이 하나둘 생기면서 거리에 조금씩 온기가 돌 무렵 생긴 어니언은 성수동을 카페 투어의 성지로 바꾸어놓았다. 부서진 벽에 무성한 풀, 폐허처럼 절묘하게 재생된 낯설고 신선한 공간에 사람들은 열광했다. 금속 부품 공장으로 쓰이던 낡은 공간에 커피 향이 진동하고 지금도 사람들은 줄을 서 드나든다.

2018년에는 서울 성북구의 우체국 건물을 재생한 어니언 미아점이 손님을 맞았다. 딱딱하지만 정직한 매력이 있는 관공서 건물은 넓게 트인 한적한 미술관처럼 세련된 공간으로 변모했다. 조용히 사람들의 발걸음을 모았던 미아점 오픈 이후 약 1년 반 정도의 준비 기간을 거쳐 선보인 어니언 안국점은 또 다른 서울의 명물이 됐다. 조선시대 포도청에서 요정, 한정식집으로 변신하며 사람들의 기억 속에서 점차 잊혀갔던 한옥은 현재 하루 1천 명이 드나드는 핫플레이스로 부활했다.

2022년 8월에는 서울 종로구 광장시장 안에 어니언 4호점을 냈다. 빈대떡과 떡볶이, 칼국수 등 먹을거리가 가득한 거리에서 커피를 파는 이곳은 60년 된 금은방이었다. 그 안에 남아 있던 목재 소재를 활용해 테이블을 만들고, 시장에서 흔히 보는 붉은색 플라스틱 의자를 놓았다. 벽을 세워 안과 밖을 분리하지 않고, 탁 트이게 해 마치 시장에 커피 노점을 펼친 듯 시끌벅적한 정겨움이 매력이다. 시장에 위화감 없이 섞일 수 있도록 안팎을 트고, 테이프나 플라스틱 같은 시장 안에서 주로 쓰이는 재료를 활용했다. 시끌벅적한 시장

통 카페. 광장시장의 지역적 특성을 고스란히 살린 매장은
조용히 입소문을 타고 인근 명소로 자리잡았다.

지워진 가치를 새롭게 되살리다

카페 공간으로 연달아 히트를 친 어니언의 공간을 만든
이들은 창작그룹 '패브리커'다. 성균관대 써피스디자인 학
과에서 만난 김성조·김동규 디자이너는 2009년부터 본격
적으로 팀을 이뤄 활동했다. 가구 작업을 본업으로, 설치, 공
간, 제품 등 다양한 영역의 디자인 작업을 모두 함께 한다.
초기에 섬유를 이용한 작품을 주로 하면서 천을 재해석하는
사람들이라는 의미로 패브리커라 이름 지었다. 2016년에
카페 어니언의 아트 디렉터로 합류했다.

이들의 첫 작품은 버려진 의자에 자투리 천을 하나하나
붙여 만든 세상에 하나뿐인 의자, '몬스터'다. 괴물이라는
뜻이지만 한눈에 보기에도 생생한 아름다움을 지녔다. 버려
진 물건을 활용하는 업사이클링(up-cycling) 작품들이 대개는
거칠고 투박하다는 편견을 보기 좋게 깨트린다. 지워진 가
치를 되살린다는 의미도 의미지만 무엇보다 아름다운 패브
리커의 가구 작품은 공간만큼이나 인기가 좋다. 2014년 발

표된 청바지와 테이블을 결합한 작품 '결'은 영국 런던의 빅
토리아 앤 알버트 뮤지엄에 소장됐다.

버려진 것에 대한 남다른 감수성

패브리커가 만든 가구와 공간은 닮아 있다. 버려진 것에
대한 남다른 감수성. 패브리커의 작품에서 일관적으로 느껴
지는 정서다. 고장 난 가구를 만지듯, 버려진 공간을 치료한
다. 날것 그대로, 버려진 것 그대로 놔둔 것 같지만 알고 보
면 치밀하게 계산된 손길이 공간의 완성도를 높인다. 바닥
은 그대로 두어도 천장은 말끔하게 마감한 뒤 은은한 조명
을 켜고, 거친 실내에는 에폭시 수지로 마감한 매끈한 벤치
를 놓아 현대적 느낌을 준다. 외부의 풍경을 흐릿하게 만드
는 반투명한 유리창은 공간 안으로 들어왔을 때 마치 다른
세계로 진입한 것만 같은 낯선 감각을 선사한다. 낡은 건물
을 배경으로 펼쳐지는 완결된 아름다움. 카페 공간이 하나
의 거대한 업사이클링 작품처럼, 또는 완결된 텍스트처럼
느껴진다. 뉴트로의 광풍 속에 어느새 흔해진 재생 공간 중
에서도 어니언의 공간이 특별하게 다가오는 이유다.

story
&
insight

장소성과 역사성

아마도 우리의 이름을 대중에게 알린 첫 작업은 '젠틀 몬스터'일 것이다. 처음에는 안경 만드는 작업을 함께 했다가 2013년 논현동 쇼룸을 만들 때 공간 작업에 처음 참여했다. 공간에 들어서기만 해도 브랜드의 정체성을 느꼈으면 하는 바람에서 설치미술을 활용해 매장을 꾸몄다. 이후 홍대앞 쇼룸의 '퀀텀 프로젝트'도 함께 했다. 비록 매장이지만 상업적 논리에 묻히지 않고 25일에 한 번씩 설치 작품을 바꾸는 실험적 시도였다. 그다음 작업이 바로 2015년, 50년이 된 목욕탕인 계동 중앙탕을 쇼룸으로 만든 '배쓰 하우스(bath house)'다. 공간의 장소성과 역사성을 그대로 둔 채로 상업 공간으로 만드는 작업을 해보자는 취지로 시작했다.

목욕탕 쇼룸

처음에는 정육점과 슈퍼마켓도 생각했다. 그러다 목욕 문화가

쥐고 있는 따뜻함이나 사람 냄새가 좋아 목욕탕으로 결정하고 계동 중앙탕을 찾았다. 분명 공간적 가치가 있는데도 낙후되어 아무도 찾지 않아 아쉬웠다. 목욕탕의 흔적을 최대한 살리면서 브랜드의 성격을 드러낼 수 있도록 작업했다. 이후 반응이 좋아서 비슷한 의뢰가 굉장히 많이 들어왔다. 그런데 상업적 요소가 너무 강한 의뢰들이라 고민스러웠다.

공간 재생

공간을 새로 만드는 것보다 재생하는 것이 훨씬 까다롭고 시간도 많이 걸린다. 기존 벽 형태를 얼마나 살릴지, 튀어나온 턱은 위험하지 않을지 끊임없이 판단해야 하기에 작업 단계가 엄청나게 늘어난다. 우리는 공간을 만들 때도 마치 작품을 하듯 접근한다. 공간 인테리어를 해본 적이 없어서 업계에 있는 분들이 굉장히 특이하다고 하셨다. 가구 작업을 할 때처럼, 카페 공간도 그 안에서 계속 머물며 쉴 틈 없이 뭔가 만들고 부수고 시도한다.

어니언, 성수

온라인 쇼핑몰 피피비 스튜디오스(PPB STUDIOS)를 운영했던 어니언 유주형 대표가 사무실을 넓히면서 성수동에 터를 잡았다. 현재 어니언 성수점 바로 옆에 붙어 있는 사무실 공간 내부를 작업해달라는 요청을 받고 건물과 터를 보러 갔었다. 사실 지금 어니언 자리는 헐어서 주차장으로 쓰려고 했던 공간이다. 그런데 폐허 같은 건물을 직접 보니 욕심이 났다. 버려진 가구를 고치듯 공간을 치료하고 싶은 마음이 들었다.

공간을 치료하다

가구 작업을 할 때 팔걸이가 부러지고 시트가 떨어져 나간 의자를 치료하는 개념으로 작업을 하곤 했는데 그와 비슷한 맥락이다. 성수동 어니언 건물은 슈퍼마켓부터 가정집, 정비소, 공장 등을 거치면서 증축되고 부서지고 변형되어왔다. 덧댄 벽돌이나, 바닥 페인트, 군데군데 붙은 스티커 같은 과거 흔적을 발견했고 이것을 의미 있게 되살리는 데 집중했다.

아트 워크

최대한 밖이 보이지 않도록 외부로 통하는 창문을 불투명하게 막아 고립된 풍경을 만들었다. 이 공간 안에서 온전한 휴식을 취했으면 좋겠다는 생각에서였다. 사실 우리가 평소 작품을 만들 듯 만든 공간이었기에 사람들이 받아들이기 어렵지 않을까 걱정했다. 공간을 돋보이게 하고 싶어 일부러 앉는 자리도 최소한으로 만들었다. 그런데 예상 외로 반응이 좋았다. 이곳을 다녀간 사람들이 SNS를 통해 공간에 대해 이야기하는 것을 모두 찾아봤다. 우리가 표현하려고 했던 것의 1부터 100까지 모두 느끼는 사람도 많았다. 일상에서 만나는 공간에서 비일상적인 영감을 얻어간다는 리뷰가 인상적이었다.

우체국 더하기 커피

성수점을 작업한 뒤 예상보다 큰 반응을 얻었다. 이후 어니언의 그다음 공간을 만들기 위해 많은 동네를 돌아다녔는데, 우체국 건물이 임대로 나온 것을 보고 여기다 싶었다. 우체국은 예부터 정보를 분산하거나 모으는 역할을 해왔다. 현대에는 커피가 우편물처럼 정보의 매개체가 된다는 생각을 했다. 또 강남이나 홍대처럼 자본과 젊은이들이 모이는 곳, 그래서 필연적으로 좋은 커피가 많을 수밖에 없는 지역이 아닌, 다른 지역에서 좋은 커피를 소개해보고 싶었다.

딱딱함과 정직함

관공서가 가진 딱딱하지만 정직한 느낌이 좋았다. 철거를 해보니 골조가 일반 상업 건물과 달리 힘 있고 웅장했다. 뭔가를 채우기보다 비워서 공간 자체의 힘을 오롯하게 느낄 수 있도록 광장처럼 만들었다. 성수점과 마찬가지로 안에 들어오면 밖이 보이지 않도록 불투명 창을 달았다. 문을 열고 들어왔을 때 밖과 단절된 또 다른 차원의 공간에 들어선 것 같은 느낌을 주고 싶었다. 광장같이 탁 트인 공간에 빛이 충분히 들어오면 여백이 더 돋보인다.

어니언, 안국

외국인 관광객들이 한국의 카페를 보러 한국에 놀러 온다는 것을 알게 됐다. 서울 카페 문화를 대변할 수 있는 공간에 대해 고민하기 시작했다. 관광객이 많은 동대문이나 종로 등 구도심 쪽을 막연히 돌아다니며 열심히 발품을 팔았다. 우연히 안국역 근처의 오래된 한옥을 만났다. 바로 전까지 한정식집을 하다가 문이 닫히고 꽤 오랜 시간 동안 잠겨 있는 공간이었다. 성수동에서 처음 폐허 같은 공장을 만났을 때와 비슷한 감정을 느꼈다.

한옥의 매력

안국의 한옥은 수십 년간 다양한 용도로 사용되면서 얼기설기 증축이 되어 있어서 본래 건물이 가진 모습이 거의 사라진 상태였다. 어떻게 하면 원래 건물이 지어졌을 당시의 매력을 보여줄 수 있을지 고민하면서 의미 있는 한옥 건축물을 많이 찾아다녔다. 영주 부석사가 특히 인상 깊었다. 충격적일 만큼 한옥의 매력을 몸으로 느낄 수 있는 장소였다. 거기서 느낀 한옥의 아름다움을 최대한 구현해보려 노력했다.

현대적 복원

쓸 수 없는 부분들을 철거하다 보니 결국 뼈대만 남았다. 원래대로 복원을 할까 하다가 오히려 뼈대를 잘 보여주는 것이 낫다고 판단해 대신 유리를 더했다. 귀한 보석을 유리관 안에 넣어두듯, 세월이 지나 마침내 최후에 남은 한옥을 유리관 안에 넣어 간직하는 방식이라고 생각했다. 바닥은 흰색으로 칠해 마치 도화지 위에 한옥이 올라간 것처럼 만들었다.

시선의 묘미

한옥은 좌식 구조다. 방바닥에 앉아 있을 때의 시선에 맞춰 대들보의 높이나 창의 높이가 정해진다. 하지만 지금 모든 공간을 좌식으로 만들기에는 아무래도 불편하다. 그래서 바닥의 높낮이를 바꿨다. 중앙 대청은 그대로 좌식 공간으로 두고 그 옆 입식 공간은 바닥을 40센티미터 정도 낮춰서 의자를 뒀다. 서서 주문하는 공간은 바닥을 더 낮춰서, 서 있을 때 시선이 앉아 있을 때의 시선과 같게 했다.

외부의 풍경

불투명 창을 달았던 미아점이나 성수점과 달리 투명한 창을 냈다. 다만 창문으로 시선을 줄 때 주변 골목 풍경이 아닌 은은히 빛을 발하는 조명이 보이도록 했다. 창을 통해 볼 수 있는 바깥 담벼락에,

넓은 면으로 은은하게 빛을 발하는 바리솔 조명을 달았다. 해가 주는 광량에 따라 조도가 달라지는 조명이다. 본래 한옥은 외부의 풍경을 끌어오는데, 안국은 외부의 빛을 끌어오는 셈이다. 아침, 점심, 저녁으로 이어지면서 광량에 따라 빛이 달라져 마치 하늘과 벽이 끝없이 이어진 것처럼 보이는 효과를 낸다.

작업 방식

자료도 찾고 가진 경험치를 모조리 끄집어내 치열하게 고민하고 대화한다. 시공 작업에 들어가기 전 단계의 개념 정립 과정에 가장 많은 공을 들인다. 우리의 작업 방식이 다소 특이한 탓에 늘 같은 시공팀과 일을 한다. 공간을 통해 표현하고 싶은 것을 정하는 것, 방향성, 이를 구현하는 방식을 정하는 것이 가장 중요하기에 시간도 많이 들인다. 사실 가구를 만들 때와 공간을 만들 때가 크게 다르지 않다. 크기만 커진 것이지 과정이나 관점은 동일하다.

가구 작업

가구 작업은 패브리커의 시작이다. 어떤 의무감 같은 것이 있다. 마치 독서와 같은 느낌이다. 책 읽는 것을 좋아하기도 하고, 또 읽어야 한다고 생각은 하지만, 아무래도 평소 많이 읽기는 힘들지 않나. 그런 감각으로 해나가고 있다. 평균 1년에 한두 개 정도의 작품을 만드는 것 같다.

폐허의 정체성

세월의 흔적이 묻어 있는 공간을 좋아하기도 하지만, 무엇보다 세월이 어린 공간을 매만지는 것이 가치 있다고 생각한다. 그렇다고 해서 앞으로 모든 어니언의 공간을 재생 공간으로 낸다는 얘긴 아니다. 다만 새 건물에 들어간다고 해도 공간에 깃드는 재료에 대해서는 고민을 할 것 같다. 미아점을 만들 때 기존 우체국 건물을 구성하고 있었던 폐자재로 벤치를 만들어 지금의 공간에 두었다. 패브리커의 가구 작업과 닿아 있는 방식이자 우리만의 정체성이다.

서울의 카페들

2018년을 기점으로 한국의 카페 문화가 급속하게 성장했다. 커피 소비도 많이 하지만 카페에도 정말 많이 간다. 많은 투자와 투입이 생기면 잘하는 선수들이 나올 수밖에 없다. 한국의 아이돌이나 치킨이 그렇듯이. 한국 특히 서울의 카페 문화는 독보적이다.

유명한 건축물이나 갤러리가 아닌 상업 공간의 디자인은 요즘에는 우리나라가 압도적이라고 생각한다. 한옥으로 된 어니언 안국점을 만들면서 우리의 전통 건축을 공부할 기회가 있었다. 본래 우리가 가진 전통 건축의 디자인 미학이 엄청나다는 것을 알게 됐다. 과하지도 부족하지도 않은 완벽한 균형미가 있다.

서울의 감성

아주 빠르게 변화하는 도시다. 급격하게 바뀌다 보니 여러 모습이 혼재되어 있다는 것이 가장 큰 매력이다. 계획적으로 개발되지 않아서 바꿔나갈 부분도 많기 때문에 창작하는 이들에게는 기회의 땅이기도 하다. 유행이 빠른 것이 오히려 장점이라고 본다. 이렇게 빠르게 변화하는 도시에서 살아남는 아티스트나 브랜드는 전 세계 어딜 가든 살아남을 수 있다.

스펙트럼이 넓어서 좋다. 궁도 있고 신축 건물도 있고, 산도 있고 강도 있다. 특정한 색이 없다고 폄하할 수도 있지만, 그것이 서울의 매력이다. 특히 최근 몇 년 동안에는 감각 있는 사람들이 서울에 다양한 공간을 만들면서 재미있는 장소가 많이 생겼다.

코로나19와 카페

어니언 안국점은 코로나19로 인한 타격이 있었다. 코로나 이전에는 고궁을 들렀던 외국인 관광객들이 많이 찾았는데, 오전부터 줄을 서다 보니 내국인들은 거의 못 오는 분위기였다. 2020년 2월이 되면서 손님의 약 80퍼센트가 빠졌다. 잠시 힘든 시기를 보냈지만, 오히려 내부 분위기는 좋아졌다. 그동안 못했던 '환대(hospitality)'가 가능하도록 내부 콘텐츠를 매만지는 시기로 보냈다. 그렇게 지내다 보니 어느 순간 사람들로 또 채워지더라.

가치 있는 시간

코로나19를 거치면서 패턴이 변화하는 것이 보인다. 그동안은 서울에서 사람들을 끌어들이는 콘텐츠가 베이커리 카페였다고 생각한다. 최근에는 와인바다. 형식보다는 '가치 있는 시간(valuable time)'을 보낼 수 있는지가 중요해졌다. 시간은 정해져 있고, 시간을 누구보다 가치 있게 쓰려는 움직임이다. 브런치 숍이나, 호캉스도 이런 맥락에서 뜨는 트렌드가 됐다.

오프라인 VS 온라인

온라인으로 갈 것 같다. 비용 대비 효율 면에서 그러하다. 오프라인이 줄 수 없는 효율이 온라인에는 분명히 있다. 규모의 경제를 이룰 수도 있고, 돌이킬 수 없는 흐름이다. 반면 작지만 귀한 것, 감정을 느낄 수 있는 오프라인 콘텐츠가 주목받을 것이다. 예술이나, 자연, 여행 콘텐츠처럼 직접 보고, 경험해야 하는 오프라인 콘텐츠들은 더 귀하게 될 것 같다. 앞으로 카페가 진화한다면, 이런 경험을 커피 한 잔 가격에 제공할 수 있어야 할 것 같다. 오직 오프라인만이 줄 수 있는 정서와 경험(예술, 자연)을 지키고 더 발전시켜 많은 사람들과 향유하고 싶다.

자극을 뺀다

공간에 들어서자마자 느껴지는 어떤 것이 있다. 임팩트라고도
설명할 수 있겠다. 요즘 서울에는 잘하는 플레이어들이 워낙 많아 잘
된 공간이라는 자극에 사람들이 많이 익숙해진 상태다. 하지만 분명
히, 그 이상의 다른 것들이 존재한다고 생각한다. 잘 설계하면 또 다
른 임팩트를 줄 수 있다. 사실 최근에는 이런 임팩트, 자극 요소를
빼려고 노력하고 있다.

한국의 고객들은 무척 까다롭다

패브리커로 작업이나 전시를 하는 것과, 어니언에서 상업 공간
을 만드는 일은 다르다. 어니언의 일들은 합이 무엇보다도 중요하다.
시너지가 중요하고, 그것이 잘 맞았을 때의 카타르시스도 있다. 지금
의 동료들과 상업 공간으로 세계에 통하는 것들을 할 수 있지 않을
까 생각한다. 한국의 고객들은 무척 까다롭다. 서울 오프라인 공간의
수준이 높아지는 이유다. 괴롭지만, 성장하고 싶다.

카페의 미래 콘텐츠 확장

어니언은 오프라인 플랫폼 회사다. 해당 지역이나 건물, 거리에

적합한 콘텐츠를 제공하려고 한다. 꼭 카페를 고집하는 것도 아니다. 우리는 누군가를 만나 대화하기 위해 카페에 간다. 우리 시대의 카페는 문화 소비의 장이자 시대를 반영하는 공간이라고 생각한다.

조만간 어니언 5호점, 6호점을 차례로 낼 계획이다. 한국, 서울의 현재를 멋지게 소개할 수 있는 공간이 됐으면 한다. 준비는 거의 끝났다. 지금까지 해왔던 작업처럼 모두 해당 지역의 매력을 살린 공간이 될 것 같다. 안국점을 작업하면서 디자이너로서 한국적인 것이 무엇인지 고민하게 됐다. 글로벌 브랜드와 협업할 계획을 가지고 있는데, 이런 고민의 흔적이 녹아든 결과물이 나올 것 같다. 한국의 멋짐을 디자이너로서 잘 소개하고 싶다.

농부시장 마르쉐@

이보은

바코드는 재미없다!

어떤 지역에 여행을 가든 시장을 들르는 여행자들이 있다. 자연에서 어떤 먹거리가 나고 사람들이 어떤 음식을 먹는지 보는 것만으로도 그곳의 삶을 미루어 짐작할 수 있기 때문이다. 전 세계 어디나 비슷한 대형 슈퍼마켓 체인이나, 쇼핑몰 안쪽 멀끔한 식료품점으로는 한계가 있다. 사람 냄새와 음식 냄새, 각종 식재료의 냄새가 황홀하게 어우러지는, 반드시 야외 시장이어야 한다.

서울에서 누군가 가볼 만한 시장을 추천해달라고 한다면 떠오르는 특별한 시장이 한 군데 있다. 바로 '농부시장 마르쉐@'다. 마르쉐(marché)는 프랑스어로 '시장'이라는 뜻이다. 타이틀 그대로, 농부들이 모여 자신이 가꾼 작물을 직접 판매하는 시장이다. 뒤에는 장소를 의미하는 기호(@)가 붙는다. 한곳에 자리를 정해 열리는 정기 시장이 아니라, 어디든 열릴 수 있는 시장이라는 뜻이다.

2012년 10월 서울 혜화동 대학로에서 처음 열린 마르쉐는 벌써 10년째 한 달에 두세 번 서울 여기저기에서 장을 열고 사람들을 모으고 있다. 2022년까지 합정동 무대륙을 비롯해 성수동의 에스팩토리, 파아프랩 등 여러 공간에서 다양한 시장을 열어왔고, 2023년에도 마로니에공원, 서교 슈퍼스티치, 국립극장, 성수 언더스탠드에비뉴 등에서 시장을 이어가고 있다.

마르쉐의 가장 큰 특징은 소규모 농가들이 나와 자신들이 기른 작물을 판매한다는 점이다. 대규모 농사를 지어 도매시장이나 대형 밴더들에게 납품하는 상업농들과는 여러 면에서 차이가 있다. 마르쉐에는 다양한 품종을 소량으로 생산하는 작은 농가들이 주로 참여한다. 일반 시장에서는 만나기 힘든 도시농부, 청년농부, 채집농부, 토종농부 들도 함께한다. 쌀이든 채소든 한 가지 품종을 대규모로 기르는 농가들이 아니어서 어떤 시장보다 다양하고 개성 있는 물건들을 만날 수 있다.

채소시장으로 열리는 마르쉐 입구에는 늘 커다란 나무 테이블이 마련되어 있다. 여기에는 농부들이 직접 알려주는 '그날 가장 맛있는 채소'가 하나씩 전시된다. 제철 농산물을 미리 귀띔해주는 광고판인 셈이다. 돌미나리나 감자, 블루베리와 단호박처럼 익숙한 농산물도 많지만 루꼴라 꽃이나 조선 대파 꽃, 홍감자, 토종 오이, 노지 가지처럼 생소한 작물도 여럿이다. 긴 잎을 늘어트린 채소와 아직 다듬지 않아 풍성한 겉잎을 달고 있는 옥수수, 흙 묻은 당근과 감자 등은 보기 좋게 자연스럽다.

최소한의 합의, 가장 중요한 기준

마르쉐를 기획한 이는 현재 농부시장 마르쉐에서 상임
이사직을 맡고 있는 이보은 씨다. 생협과 여성환경연대에
서 활동가로 일하던 이보은 이사는 환경과 건강, 특히 먹거
리에 관심이 많았다. 마르쉐는 '내가 먹는 음식이 어디에서
왔을까?'라는 간단한 질문에서 시작됐다. 처음 의문을 품은
이후 서울의 옥상 세 군데에서 텃밭을 일구기도 했다. 그렇
게 먹거리에 대한 관심을 키워가던 중 홍대에서 비건 카페
'수카라'를 운영하던 김수향 대표와 '십년후연구소' 송성희
대표가 의기투합했다.

2012년, 약 30여 명 정도의 농부와 요리사가 모여 연
작은 시장이 마르쉐의 최초였다. 당시까지도 옥상 텃밭을
가꾸고 있었던 이보은 이사는 도시 농업에 관심 있는 지인
들을 초대했고, 김수향 대표는 요리사를, 송성희 대표는 수
공예가를 초대했다. 친구가 친구를 부르고, 그 친구가 다른
친구를 부르면서 시장이 넓어졌다. 시장을 만들고 싶어 하
는 이들이 모여 원하는 시장에 대한 이야기를 나누었고 최
소한의 합의가 이루어졌다. 돈과 물건의 교환만 이루어지는
시장이 아니라, 사람과 관계, 대화가 있는 시장이었으면 좋

겠다는 의견이었다. 최소한의 합의였지만 가장 중요한 기준이 되었다. 그래서 대화를 불편하게 만드는 것들은 지워버렸다. 시장이 처음 개최될 때부터 그랬다. 일단 시장에서 일회용품 쓰레기가 배출되지 않도록 애썼다. 그래서 마르쉐는 현수막이나 배너같이 한 번 쓰면 버려질 홍보물을 만들지 않았다. 제품도 가급적 포장이 없는 상태로 내놓았다. 제로 웨이스트(zero waste)라는 개념이 잘 알려지지 않았던 시절의 이야기다. 대신 포장도 바코드도 없는 농산물들을 바구니나 나무 테이블 위에 소담히 담아 내었다. 손님의 눈높이에 맞추고 농산물이 돋보일 수 있도록 캐노피나 파라솔은 흰색으로만 썼다. 마르쉐를 찾는 이들은 이런 자연스러운 분위기를 좋아했다.

사람과 관계, 대화가 있는 시장을 만들겠다는 의도는 적중했다. 내가 먹는 음식이 어디에서 온 것인지 알고 싶어 하는 이들과 자신이 직접 기른 작물을 가지고 나온 농부들 사이에 자연스레 대화가 이어졌다. 간단하게는 작물의 정체부터, 어떻게 기른 작물인지, 먹는 방법과 보관 방법 등 평소 장을 볼 때는 과묵했던 손님들도 마르쉐에 오면 쉬이 입을 열었다. 자식 같은 농산물을 들고 나온 농부들도 자세한 설명으로 화답했다.

농부와 요리사와 수공예가, 그리고 사람들

농부시장 마르쉐는 보다 작은 규모의 채소시장, 테마가 있는 시장 등으로 분화했다. 어떤 때는 모든 농부들이 씨앗을 들고 나오는 '씨앗장'이, 또 어느 계절에는 지천으로 깔린 나물을 가져와 판매하는 '풀장'이, 밀이 익어가는 여름에는 토종밀부터 참밀, 금강밀 등 다양한 밀을 보여주는 '햇밀장'이 열렸다. 마르쉐 방문객은 적지 않다. 팬데믹 이전 많았을 때는 채소시장 등 작은 테마의 장에는 약 1천여 명이, 농부시장에는 1만여 명이 몰렸다.

시장이 거듭될수록 참여하는 농부와 요리사, 수공예가들이 성장하기 시작했다. 한 달에 두세 번 열리는 플랫폼 덕에 소농이지만 제대로 농사짓는 농가도 늘어나고, 생산력도 높아졌다. 마르쉐를 통해 성장의 방향을 새롭게 잡아나가는 농부들도 생겨났다. '준혁이네 농장'이 대표적이다. 대규모 단작 방식의 시설재배 농가로 마르쉐에 와 요리사들과 대화하고 다양한 채소 재배에 도전하면서, 지금은 한국 미식 문화를 주도하는 셰프들과 멤버십을 맺었다. 요리사들이 필요로 하는 채소를 공급하는 농부에서 이제는 요리사들에게 제철의 다양한 채소를 새롭게 제안하는 농가로까지 성장했다. 마르쉐의 농부들만이 아니라 요리사들도 농부들과의 협력을 통해 채소의 맛에 눈뜨고 제철, 로컬 채소 기반의 음식 세계를 구축해나갔다.

이렇듯 먹거리에 관심 많은 이들이 한데 모여드는 마르쉐는 시간이 지나면서 하나의 도시 콘텐츠로 발돋움했다. 시끌벅적 축제하듯 자연스레 모인 이들은 다양한 농산물을 직접 만져보면서 계절을 느끼고 이야기를 나누며 삶을 풍요롭게 만들어가고 있다. 핸드폰으로 주문해 다음 날 새벽이면 어김없이 현관 앞에 물건이 놓이는 총알 배송의 시대에 굳이 무거운 장바구니를 이고 지고 마르쉐를 찾는 이유다. 마르쉐는 그렇게 정신적 허기마저 채워주는 특별한 시장으로 진화했다.

팬데믹, 시장은 계속되어야 한다

코로나19는 마르쉐에게도 도전이었다. 일단 규모가 큰 시장을 열 수가 없었다. 그럼에도 시장은 쉬지 않고 열렸다. 다섯 팀, 일곱 팀, 열 팀의 농부들이 작물을 들고 나왔다. 코로나19로 인간의 삶이 멈췄을지언정 땅에서는 쉴 없이 작물이 열리기 때문이다. 자연스레 태어나는 생명의 기운을 나누기 위한 시장이었다.

　　다만 방역 수칙을 지켜야 해서 규모는 작아졌다. 대신 빈도수가 늘어났다. '채소 아침'이라는 작은 시장도 생겼다. 1차 농산물만 가져다가 오전 10시에서 오후 1시까지 잠깐 여는 시장이었다. 팬데믹의 덕을 본 점도 있다. 마르쉐가 목표했던 시장의 일상화가 이루어졌다는 점에서다. 경험하고 즐기기 위해 혜화의 농부시장을 찾았던 사람들이 아침 채소시장에는 정말로 일상적 장을 보러 들렀다. 성수동 파아프랩에서는 공방형 먹거리를 위한 시장이 열렸다. 로컬 푸드에 실험 정신을 더해 만든 먹거리들이 나오는 시장이다. 요리를 하는 청년 창업가들이나, 스몰 비즈니스를 하는 사업자들이 시장에 모여 조금씩 생태계를 만들어갔다.

　　팬데믹은 기후 위기에 대한 '시그널'이기도 했다. 농부들은 기후 위기를 최전선에서 감지하는 사람들이다. 마르쉐 농부들이 겪은 기후 위기를 증언하는 자리가 '2020 농부시장 포럼'이라는 이름으로 열렸다. 함께 머리를 맞댄 농부들은 우리가 피해자, 증언자를 넘어 해결자가 될 수 있다는 가능성에 대해 고민하기 시작했고 이는 2021년부터 '지구농부 프로젝트'로 진화했다. 이후 참가자들 사이, 농사만 잘 지어도 우리가 발생시키는 이산화탄소의 3분의 1을 다시 땅으로 되돌릴 수 있다는 인식이 자리 잡았다. 토양 회복을 통해 기후 위기의 해법을 찾아가는 지구농부들을 위한 '지구농부 시장'이 2021년부터 시작되었고 2022년부터는 '지구농부 포럼'이 시작되어 농부들의 지혜를 모으고 서로의 연결을 도모하기 시작했다.

음식을 두고 둘러앉아 함께 먹는 경험은 강렬하다. 그래서 먹거리를 나누는 시장에는 큰 힘이 있다. 마르쉐는 2022년 10주년을 맞았다. 그동안 사람들이 향유하는 식문화의 변화는 컸다. 사람들은 보다 다양한 것, 건강한 것, 이왕이면 지구에 도움이 되는 것을 찾아 기꺼이 마르쉐에 온다. 생산자들과 연대하고 대량 소비에 균열을 내는, 변화의 시작이다.

story
&
insight

먹는다는 일

더 많이 벌어 삶을 마냥 늘리는 것이 불가능해졌다. 이런 시대에 오래 지속할 수 있는 일이 무엇일까? 어떻게 자립해 살 수 있을까? 답은 의외로 가까운 곳에 있었다. 바로 먹는 것이다. 어떻게 살아야 할지 고민할 때 먹을거리는 아주 중요한 부분이다. 행복한 삶의 조건 중 하나가 맛있고 안심할 수 있는 먹거리이기 때문이다. 도시에서 소비자로 살면서 가끔 중요한 것을 놓치고 있다는 생각을 했다. 산업의 틈바구니에서 생산된 것을 먹고 살면서 내가 먹는 것이 어디에서 왔는지 알 수 없게 된 것이다. 그럼 한번 직접 가꿔보자는 마음에서 옥상 텃밭을 시작했다. 경험해보니 완전히 다른 세계였다. 맛도 맛이지만, 직접 가꾼 농산물로 차린 밥상을 대하는 삶은 질적으로 다른 삶이었다.

후쿠시마 대지진

2011년 즈음부터 시장에 대한 논의를 했던 것 같다. 홍대에서 비건 카페 '수카라'를 운영하는 김수향 대표와 많은 이야기를 나누었다. 후쿠시마 대지진을 겪으면서 어디서 오는지 모르기에 마구 쓰는 것들을 알고 쓰는 것만으로도 다른 삶을 살 수 있지 않을까 생각을 했다. 옥상 텃밭에서 기른 채소로 수카라에서 음식을 만들기도 했고, 작은 농부, 도시 농부들이 요리사와 함께하는 시장을 만들어보자는 생각을 하게 됐다.

운영 방식

마르쉐는 농부와 요리사 팀, 수공예 팀, 이벤트 팀으로 구성되어 있다. 130여 개에 이르는 출점 팀은 여름과 겨울에 '계절 모임'이라는 이름으로 함께 모인다. 시장 운영의 중요한 약속은 주로 이 모임에서 만들어졌다. 2014년부터 운영위원회가 구성되어 각 팀을 대표하는 운영위원들이 논의하고, 현재 4기가 운영되고 있다. 또 농부 시장 마르쉐의 공공성을 감시하고 법적인 대표성이 있는 법인 이사회가 별도로 구성되어 있는데, 나는 시장 운영을 책임지고 있는 '마르쉐 친구들'을 대표하고 있다. 현재 다섯 명의 활동가들이 함께하고 있고, 마르쉐 친구들 이외에도 디자인, 사진, 제작, 설치, 공연 등과 관련한 다양한 작업자들과 오랜 협업을 이어가고 있다. 주제별 시장은 외부 전문가, 단체와 협력해서 진행하기도 한다.

대화하는 시장

시장을 열기로 하고 모여서 얘기를 나누어보았는데 각자 원하는 시장이 다 달랐다. 최소한의 합의가 된 부분이 대화하는 시장이었다. 대화가 불편하지 않아야 한다는 큰 조건이 생기니까 세부적인 내용을 정할 수 있었다. 사는 사람도 파는 사람도 불편하지 않게 일회용 쓰레기가 없었으면 좋겠고. 그릇을 빌려줘야 하니 자원 봉사자가 필요하겠다는 의견이 나왔다. 초창기에는 대화하면 되니까 가격표도 사용하지 말자는 얘기도 있었다. 버려지는 소모품도 최대한 줄이고 현수막이나 배너도 없이 시장을 열다 보니 그것이 시장의 디자인 요소가 됐다.

이름 — 처음에는 그냥 '시장'으로 불렀다

땀 흘려가며 가꾼 농산물을 직접 만나 교환하는 장소. 이것을 표현할 수 있는 말을 찾았지만 결국 시장밖에는 없었다. 마켓은 상업적인 느낌이라 피했다. 다른 이름을 못 찾아서 결국 시장의 다른 표현인 '마르쉐'로 정했다. 시장을 열고 나니 어떤 행사인지 물어보는 사람들이 정말 많았다. 설명하자면 농부와 요리사, 수공예가가 만나는 도시 시장이다.

너무나도 강렬했던 처음

처음 30여 명 정도의 출점자가 모여 시장을 열었다. 이 시장은 된다는 확신이 처음부터 일었다. 그만큼 즐거운 경험이었다. 참여한 사람들 모두 신나 했다. 지금도 1차 농산물 중심의 플랫폼은 드물지만 당시로서는 더욱 신선한 발상이었다. 특히 2012년부터 2014년 8월까지 약 2년간의 경험이 아주 강렬했다. 이 시기에는 그야말로 '뜨겁게' 시장을 열었다. 그러면서 대화가 가져오는 힘이 그토록 크다는 것을 절절히 느꼈다.

플랫폼에서 성장하는 생산들

손님과의 관계도 있었지만, 시장을 여는 사람들끼리의 화학작용이 엄청났다. 토종쌀을 재배하는 농부가 쌀을 가져오면, 요리사가 그 쌀로 밥을 지어 함께 먹어본다. 그 밥과 어울리는 반찬도 찾아낸다. 토종쌀을 소량만 재배했던 농부는 가능성을 발견하고 토종쌀에서 자신의 정체성을 찾는다. 요리사들도 새로운 재료를 접하면서 음식 세계를 확장해나간다. 말 그대로 시너지가 폭발했고 이야기가 풍성해졌다. 시장이라는 플랫폼에서 생산자들이 얼마나 성장할 수 있는지 목격했다.

우리에게는 시장이라기보다 거의 학교였다

첫 2년 동안은 한 달에 한 번씩 시장을 열었다. 약 30~50여 명의 판매자가 꾸준히 유지됐다. 우리에게는 시장이라기보다 거의 학교였다. 서로 관계를 맺으며 배우는 과정이 유기적으로 일어났다. 2014년 가을부터는 그동안의 화학작용으로 무르익은 마르쉐의 규모를 조금 더 키워보기로 했다. 당시 마르쉐를 진행했던 대학로 '예술가의 집'에는 더 이상 늘릴 공간이 없었다. 판매하는 농산물로 음식을 만들어 판매하는 야외 시장을 했으면 해서 지금의 혜화동 마로니에 공원으로 새롭게 장소가 정해졌다. 그때 농부시장 마르쉐라는 타이틀이 만들어졌다.

100명의 농부가 있으면 100가지 이야기가 있다

농사를 짓는다는 것은 땅과 관계를 맺는 일이다. 그 관계는 농부마다 다를 수밖에 없다. 서로 다른 농부가 서로 다른 땅과 자연환경, 서로 다른 씨앗으로부터 배워가는 것들이 담기는 시장은 그 자체로 다양할 수밖에 없다. "100명의 농부가 있으면 100가지 이야기가 있다"는 말이 있다. 각자의 환경이 다르고 문화도 다르기 때문이다. 이런 다양성을 담는 시장이었으면 했다.

경제적 효율을 넘어서는 새로운 경험

예를 들어 GMO 반대도 중요하지만 그것보다 씨앗에 대한 새로운 경험을 전할 수 있었으면 했다. 지금까지 살아남은 씨앗은 나름의 소중한 이유가 있다. 더불어 토종곡물, 재래종 채소들의 맛을 직접 보여주고 즐거움을 전할 수 있으면 더 좋겠다고 생각했다. 그 풍요로운 맛도 중요하지만 농부가 자신의 씨앗을 가지고 있다는 것은 경제적 효율을 넘어 더 큰 의미가 있다.

씨앗장, 풀장, 밀장

3월에는 모든 농부가 씨앗을 들고 나오는 씨앗장이 열린다. 무조건 토종만을 고집하는 것은 아니다. 바질이나 딜 등 서양 채소의 씨앗도 있다. 4월에는 풀장이 열린다. 작은 농부들이 시설이나 하우스 없이 채집한 온갖 나물들을 가지고 와 판다. 봄이면 우리나라 산과 들에 지천으로 열리는 나물 파티다. 7월에는 밀장이 열린다. 토종밀부터 참밀, 금광밀이나 소경밀, 외국산 원정 밀 씨앗까지도 볼 수 있다. 농부시장은 다양성을 추구한다. 개성 강한 것을 취급한다는 목표를 가지고 있다. 다른 밀로 빵을 만들면 맛도 각기 다르다.

플랫폼

마르쉐의 지난 10년은 소규모 농가의 자립에 새로운 가능성을 보여주고 있다. 시장을 만나면서 귀촌하거나, 제대로 농사짓는 분들이 늘어났다. 생산하는 작물을 판매할 수 있는 고정적인 플랫폼이 존재하기 때문에 가능한 일이다. 손님이자 요리사인 분들이 시장에 오고, 쿠킹 클래스 선생님들도 손님으로 오다 보니 자연스럽게 관계가 형성된다. 일이 연결되고 거래가 늘어난다. 직거래, 예약꾸러미, 구독 등으로 인연이 이어진다. 마르쉐를 통해 삶의 방향을 정립하고 자립하는 사람들이 늘어났다는 것은 참 뿌듯하다.

바코드는 재미없다

처음 마르쉐를 열었을 때는 시장 기획자의 친구들, 출점 팀의 친구들이 주로 찾았다. 규모가 커지면서 다양한 분들이 시장에 오고 있다. 특히 다행스럽게 생각하는 것은 20대 젊은 친구들이 꾸준히 시장을 찾고 있다는 것이다. SNS로 연결되어 있기도 하지만 무엇보다 이들은 자연에 해가 덜 가는 삶, 조금 더 자연스럽고 지속 가능한 생활 방식에 대한 갈망을 가지고 있다. 이들은 음식을 탐험하는 데도 아주 적극적이다. 사실 마르쉐보다 편리한 구매처는 많을 것이다. 하지만 대량 생산된 먹거리, 바코드와 대면하는 그런 방식의 소비를 재미없게 느끼는 사람들이 점점 늘어나고 있다.

장바구니

처음에는 장바구니를 꼭 가져와달라고 강조했다. 컵을 가져오면 귤 주스를 한 잔 더 준다고 홍보도 했고. 지금은 그런 홍보가 필요 없을 정도로 모두 당연한 듯 동참한다. 손님들의 호응이 컸다. 지금은 생산자들을 위한 종이가방, 보냉팩, 빈병을 모아오는 손님들도 많다.

손님은 그냥 소비자가 아니라 친구에 가깝다

한 농부가 엄마랑 아기 손님에게 아욱을 팔았는데, 아욱에서 달팽이가 나왔다며 한 달 동안 달팽이를 키워서 온 적도 있다. 그런 관계가 생기면 생산자는 마음가짐이 달라진다. 대화하는 시장에서 손님은 그냥 소비자가 아니라 친구에 가깝다. 맛있는 음식을 만들어주고 싶은 친구! 그런 친구의 범위가 손님까지 이어진다. 농부들이 무농약에서 시작했다가 유기농으로, 자연재배까지 가는 이유다. 마르쉐는 오는 사람들의 선한 의지, 좋은 생각이 발현되는 공간이 된 것 같다. 자연스럽게 자신의 좋은 생각들을 펼쳐놓는다.

계절

마르쉐에 오면 계절을 쉬이 느끼게 된다. 선반에 놓인 작물을 보면 여름이, 가을이 왔음이 성큼 느껴진다. 이런 식으로 시장에서 만들어지는 이야기들이 삶을 풍요롭게, 지루하지 않게 만들어준다. 이런 경험은 돈으로 살 수 있는 것이 아니다.

일상성이 목표다

주로 혜화에서 열리는 농부시장은 농부, 요리사, 수공예가가 모두 함께 모이는 큰 시장이라 자주 열기가 어렵다. 일상적인 장소에서 좀 더 정기적으로 열리는 시장의 형태를 오래 고민해오고 있다. 채소시장은 2019년 20여 팀의 농부들로 시작했다. 이런 규모의 시장은 보다 작은 장소에서 더 자주 열릴 수 있으니 일상의 장보기가 가능하지 싶었다. 게다가 기후 변화가 심한 요즘은 야외 사장의 한계를 많이 느낀다. 악천후와 미세먼지, 코로나19 등 예상치 못한 변수가 너무 많아 야외가 아닌 실내에서 여는 작은 시장의 형태를 고민하게 됐다. 2020년부터 2021년 사이 겨울에 열린 상설 시장 '마르쉐 라운지'는 그런 궁리 끝에 시도된 것이다. 자기 손으로 매일 저녁 요리를 하고 싶은 사람들이 퇴근길에 들를 수 있는 작은 시장이나 예약된 물건을 잠시 모여 나누어 갖고 헤어지는 그런 시장을 서울에서도 해볼 수 있을까? 우리는 보다 평범하고 작으며 일상적인 시장을 계속 연구하고 있다.

본질적 세계의 이야기

팬데믹을 거치면서 시장의 절실함이 더 커졌다. 재난 앞에서 무기력하기보다 자신이 할 수 있는 일은 하겠다는 사람들이 장바구니를 들고 마르쉐를 찾았다. 먹거리는 보다 본질적 세계의 이야기다. 그곳에서는 발효되고 분해되고 온갖 동식물과 미생물이 협업하는 대자연의 서사가 존재하고, 자연과 잇대어 살아가는 수많은 삶이 연결되어 있다.

화면조정 시간이 선사한 진지한 성찰

온전한 먹거리는 온라인에 간단히 담기지 않는다. 코로나19는 이런 자각을 더욱 분명하게 일깨우는 시간이었다. 우리는 코로나 시기에도 시장을 멈추지 않았다. 안전을 지키면서도 자연이 내어주는 것을 다양한 형태의 시장에 담아 나누었다. 마르쉐 외에 전혀 판로가 없는 농부 서너 명이 모이는 시장을 잠깐 열기도 했고 예약된 물건을 꾸러미로 집어가는 침묵의 시장도 열었다. 공방형 먹거리를 생산하는 요리사들의 시장이 시작된 것도 이때부터. 팬데믹이 마치 화면조정 시간처럼, 생태계의 균형을 바로잡으려는 시그널이라는 생각은 기후 위기 시대 농사의 방향에 대한 진지한 성찰로 이어졌다.

N개의 경험을 엮어

최근에 마르쉐는 특별한 멤버십을 고민중이다. 마르쉐의 130여 출점자들에게는 130개의 콘텐츠가 있다. 농부, 요리사, 수공예가 등 생산자들이 가진 N개의 경험을 엮은 커뮤니티를 엮어가고 싶다. 한 농가에 손님과 함께 나누고 싶은 경험이 있냐고 물으니 수확기에 과수원의 배를 새들로부터 지키는 캠프를 함께 하고 싶다는 답이 돌아왔다. 이런 경험을 함께 나누며 생산자와 소비자가 서로 친구가 될 수 있다면 좋겠다. 그리고 그 관계 속에서 시장이 이어지길 기대해본다.

서울소셜스탠다드

김민철

지지하고 싶은 표준을 발굴하다

라이프스타일을 형성하는 데 있어 주거는 절대 조건이다. 어떤 집에 사는가는 곧 어떤 삶을 사는가와 연결된다. 안타깝게도 서울처럼 지가가 높은 도시에서 주로 청년 세대로 대표되는 1인 가구는 좋은 주거지를 찾는 데 어려움을 겪는다. 경제적 한계도 있지만 선택지가 워낙 좁은 탓도 있다. 원룸과 오피스텔, 기숙사 등 1인 주거를 위한 공간은 제한적이다.

흔히 청년들의 1인 주거는 미완성 주거로 여겨진다. 원가족의 품을 떠나 독립을 한 후, 잠시 머물다가 다시 가족을 이루기 전까지의 과도기적 주거라는 의미다. 그러다 보니 조금 부족해도 참고 견디면 되는 시간으로 무마되기 일쑤다. 옥탑 방이나 반지하 같은 열악한 주거 환경은 심지어 청춘의 낭만으로 포장되기도 한다.

시대가 바뀌었다. 1인 가구는 어느새 우리 사회에서 가장 다수를 차지하는 가구 형태가 됐다. 굳이 결혼이라는 형태로 가족을 이루지 않는 청년들도 늘고 있다. 원룸과 오피스텔만으로는 다양해지는 1인 주거의 형태를 담을 수 없다. 잠시 머물다 가는 과정적 주거가 아니라 그 자체로 완성이 되는 주거의 모습이 필요한 시점이다.

청년의 주거를 기획하다

'서울소셜스탠다드'는 완성형 1인 주거를 꿈꾸는 소셜 벤처다. 이름이 길고 어려워 앞 글자의 자음을 따 '삼시옷(ㅅㅅㅅ)'이라 불리는 이들이 하는 일은 이름에 고스란히 담겨 있다. 빠르고 밀도 높은 성장의 역사를 가진 '서울(seoul)'을 배경으로, 사람과 시간, 공간이 만드는 다양한 '관계(social)' 속에서 지지해야 할 '표준(standard)'을 발굴하고 만드는 일이다. 서울대 건축학과 동기인 김민철·김하나가 현재 공동 대표다.

이들이 지지하는 '표준'은 청년의 주거 문제와 연결되어 있다. 도시에 사는 청년 가구, 1인 가구를 위한 집다운 집은 어떤 형태일까? 완벽히 옳은 형태가 아니더라도, 이들에게 좀 더 다양한 선택지를 줄 수는 없을까? 이런 고민에 답하기 위해 삼시옷은 지난 2013년부터 서울에서 공유 주택 사업을 기획하고 운영해왔다. 정림건축문화재단과 함께 만든 종로구 '통의동집', 신림동 '소담소담', 궁정동 '청운광산'이 대표적이다.

청년을 위한 도시의 1인 주거는 원룸의 형태로 굳어져 왔다. 달콤한 독립을 맛볼 수 있는 공간이면서도, 한정된 면적에 침실과 욕실, 주방과 세탁실이 모두 압축된 비좁은 공간이다. 또한 공간적 한계로 인해 관계를 제약하는 공간이기도 하다. 누군가를 초대하기 어려울 뿐 아니라 이웃과의 교류를 통해 지역 사회의 일원으로 살아가기 어려운 단절의 공간이다.

이런 원룸 여러 개를 모아 공간을 합치면 적어도 주방과 분리된 침실, 더 쾌적한 욕실, 가능하다면 거실까지도 누릴 수 있지 않을까? 1인당 공간은 원룸과 비슷하지만 공간을 편집해 보다 넓은 공간을 누리는 셈이다. 또한 사생활은 보호하면서 함께하고 싶을 때 어울리며, 공동체가 주는 긍정적 기운을 받을 수는 없을까? 공유 주택, 일명 셰어하우스를 청년 주거의 대안으로 떠올리는 것은 자연스럽다.

현재 서울에는 다양한 공유 주택이 있다. 청년들의 주거권을 보호하기 위한 비영리단체의 사회 주택부터 대형 전문 업체와 대기업 자본의 수익형 공유 주택까지 목적도 다양하다. 삼시옷도 이들처럼 공유 주택을 하나의 상품으로 제안하는 업체다. 다만 청년 주거 문제에 있어 지지할 만한 표준을 만들겠다는 포부를 반영한, 보다 완성도 있는 공유 주택을 추구한다. 한정된 재화 내에서 조금이라도 집다운 집을 누릴 수 있는 방법을 탐구하고 실험한다.

느슨한 공동체 — 청년들의 애매한 마음을 알아주는 집

2020년 2월 문을 연 서울 종로구 궁정동의 '청운광산'은 삼시옷의 대표작이다. 청운광산은 구보건축(조윤희 소장)이 설계, 프레그먼트(서동한 소장)가 내부 가구 디자인을 하여 함께 생활하는 1인 가구를 위한 공간을 제안한다. 11명의 입주자가 1인 1실로 방은 따로 쓰고 화장실과 욕실, 주방은 함께 사용한다. 이곳의 입주 경쟁률은 치열한 편이다. 단지 신축이라서가 아니다. 공원이 보이는 풍경을 고려해 창문의 모양을 모두 다르게 냈을 정도로 사려 깊게 만들어진 품질 좋은 공유 주택이기 때문이다. 방도 모두 다른 구조로 설계되었다. 라이프스타일에 맞게 고를 수 있다. 9~12제곱미터(2.7~3.6평)의 작은 공간이지만 짜임새 있게 배열된 가구와 시원하게 뚫린 창으로 들어오는 주변의 화사한 신록이 인상적이다. 층마다 하나씩 샤워실과 화장실이 있지만, 각 층 네 명의 거주자가 한번에 사용하는 데 부족함이 없도록 샤워실, 두 개의 변기, 세면대 공간을 나눠 문을 달았다. 주로 캐리어를 이용해 이사하는 1인 가구를 위해 방에 캐리어를 두는 공간을 둔다든지, 자기 전 넷플릭스나 유튜브를 즐기는 청년들의 라이프스타일을 고려해 침대 밑에 콘센트를 두는

등의 작은 차이가 돋보인다.

보통 청년 복지 목적으로 만들어지는 청년 주거는 어떤 방식으로든 공공 자본의 도움을 받는다. 그래서 기존에는 보다 많은 사람들이 혜택을 받을 수 있도록 최대한 '저렴하게' 지어야 한다는 관념이 강했다. 하지만 삼시옷은 청년 주거여도 좋은 품질의 공간을 만들어야 한다고 믿는다. 잠시 거치는 집이 아니라 오래도록 머물 수 있는 집, 한 번 계약하고 만족스러워 또다시 계약해 오래 살 수 있는 집을 추구한다. 또한 청년 주거라고 해서 흔히 생각하는 기숙사 형태의, 거의 모든 것을 공유하는 형태도 지양한다. 개인 공간과 공유 공간이 적절히 배치되어야 하고 적어도 한 명이 한 개의 방은 가질 수 있어야 한다는 최소한의 기준 아래 기획한다. 따로 있지만 같이 있다! 일명 느슨한 공동체.

2013년 11월 입주를 시작한 서울 종로구의 '통의동집'은 혼자이고 싶지만 또 함께이고 싶은 요즘 청년들의 애매한 마음을 알아주는 집이다. 삼시옷과 정림건축문화재단이 함께 기획·개발하고 운영·관리하는 공유 주택으로 혼자이기에 자유로운 독립 공간과, 함께이기에 즐거운 공유 공간을 균형 있게 배치했다. 현재는 정림건축문화재단에서 운영하고 있다. 1층 공유 주방에 사람들을 초대하기도 하고, 공용 공간에서 이루어지는 각종 커뮤니티 활동에 참여한다. 독립된 공간은 짜임새 있게 배치되어 있어 사생활을 보호받을 수 있다. 혼자 살면서도 함께 사는 듯한 적당한 거리감, 느슨한 커뮤니티를 특징으로 하는 이곳에서 청년들은 집을 보다 풍부하게 경험한다. 사적 공간과 집 내부의 공용 공간, 나아가 집 주변 동네와 같은 공공 공간까지 이어지는 확장된 형태의 집의 경험은 각자의 방에만 머물렀던 청년들의 삶을 보다 풍성하게 만들어준다.

공간의 재편집이자 생활의 재편집

삼시옷이 만드는 공유 주택은 공간의 재편집이자 생활의 재편집이다. 도시에서 1인이 차지할 수 있는 최소한의 면적을 합하고 재분배해 원룸이나 오피스텔에서 느낄 수 없는 다른 라이프스타일을 경험할 수 있도록 한다. 물론 누군가와 어떤 부분이든 공유하는 공간이 있다는 점에 불편함을 느끼거나 작아도 혼자인 것이 편한 사람들도 있다. 그래도 선택지가 있는 것과 없는 것은 완전히 다른 차원의 문제다.

최근 삼시옷은 공유 주택 내부의 공유 공간을 넘어, 동

네로 확장하는 공공 공간에 대해 고민하고 있다. 면적상 한계가 있는 공유 주택 건물 하나에서 입주민의 생활이 끝나는 것이 아니라, 집 주변 동네 골목의 다양한 공간을 또 다른 공유 공간으로 확장해 사용한다는 개념이다. 예를 들어 청운광산 근처 공원이나 동네 서점·카페 등 작은 가게들이 집이 가진 작은 공간의 한계를 보완할 수 있다. 동네 카페를 내 집 거실처럼 사용하는 사람들은 지금도 많다. 혹은 집과 동네의 경계에서 중간 정도로 열린 공유 공간을 만들기도 한다. 청운광산 1층의 발효식료품 카페 '큔'은 입주민이 아니더라도 누구나 들를 수 있다. 한 동네에 공유 주택 두 개를 연결해 보다 확장된 형태의 공공 공간을 만들 수도 있다.

이런 실험들은 모두 입주민들이 보다 좋은 환경에서 거주할 수 있도록 하기 위한 고민에서 출발한다. 공유 주택을 만들면 흔히 주방이나 1층 공간 같은 곳을 크게 만들어 입주민들이 즐겁게 어울리고 많은 이벤트가 일어나길 바라지만, 요즘처럼 간편식이 발달하고 개인화된 삶이 익숙해진 시대에 넓은 주방과 목적 없이 만들어진 공간은 불필요할 수 있다. 오히려 공유 주방을 작게 만들고 1층에 '큔'처럼 운영 주체가 따로 있는 열린 공유 공간을 만드는 편이 1인 가구의 변화하는 라이프스타일에 더 맞을지도 모른다.

정답은 없다. 앞으로 삶이 더 개인화하면 같이 쓰는 공간은 더 퇴화할지도 모른다. 일과 삶이 분리되지 않는 방향으로 생활이 흘러간다면 낮에는 사무실로, 밤에는 집으로 스위치 되는 집을 고민해야 할지도 모른다. 분명한 것은 지금 이 순간에도 우리 삶의 모습이 제각각 다양한 방향으로 분화되고 있다는 점이다. 1인 가구, 도시 생활자를 위한 보다 경쟁력 있는 주거의 모델을 계속해서 고민해야 할 때다. 삼시옷의 발 빠른 실험, 기민한 고민이 만들어낼 앞으로의 표준이 궁금하다. 도시에서 혼자 살아가는 이들을 위한 보다 나은 주거, 최소한 선택의 여지를 만들어주겠다는 이들의 의지가 꽤 든든하다.

삼시옷의 시작

건축학과를 졸업하고 설계 사무소에서 일했다. 설계는 보통 어느 정도 경제적 성과가 있는 사람들이 맡기는 서비스다. 청년으로서 서울에 사는 입장이었는데, 청년과는 무관한 주택을 짓는 일을 하다 보니 좀 더 공감할 수 있는 일을 했으면 했다. 우리 청년 세대가 원하는 주거가 어떤 것일지 고민하다가 뜻이 맞는 동기들과 삼시옷을 시작하게 됐다.

청년을 위한 주거의 선택지를 넓히고 싶었다

아파트는 너무 비싸고, 도시형 생활 주택이라고 하는 오피스텔이나 다가구·다세대의 원룸 중 하나를 선택해야 하는 경우가 대부분이었다. 보증금 1천만 원에 월세 60만 원 정도의 대학가 원룸의 경우 샤워하고 나오면 온 집 안에 습기가 찬다. 곰팡이는 기본이다. 코로나19로 사회적 거리두기를 했을 때 청년들이 모두 스타벅스에 나와 있다고 비판하는 얘기가 들려왔다. 실제로 청년들이 살고 있는 공간에 대한 공감이 부족하기 때문이다. 주방이나 침실이 분리가 안 된 18제곱미터(약 5평) 남짓한 원룸에 하루 종일 머무는 것 자체가 감당이 안 되는 경우도 있다. 한정된 재화 내에서 조금이라도 집다운 집을 누릴 수 있는 방법은 무엇일까 고민했다.

조금 더 잘 지은 공유 주택, 사회 주택

기존 청년 주거에는 설계나 건축이라는 개념이 들어가기 힘들었다. 원룸이나 오피스텔과 경쟁하는 만큼 합리적 가격에 맞춰야 하기 때문이다. 따라서 셰어하우스도 보통 기존 주택이나 아파트를 개조해 여러 명이 살 수 있도록 만든 경우가 많다. 공공 자본을 들여 만든 공유 주택 역시 최대 다수의 최대 행복이라는 거스를 수 없는 명제 때문인지, 일단 '저렴하게' 지어야 한다는 인식이 강했다. 물론 최근에는 대기업이 자본을 들여 최고급 공유 주택을 만들기도 한다. 이 경우에는 경제적으로 선택권이 없는 청년층은 소외되기에 논외다. 조금 더 잘 지은 공유 주택, 사회 주택은 없을지 고민했다. 그 자체가 상품성이 있어 아파트나 오피스텔과 견주어도 살 만한 집을 만들고 싶었다.

우리가 건축을 하던 사람들이라서 그랬을까?

출발점을 설정하기 힘들었던 이유 중의 하나는 청년 주거가 왜 필요한지에 대한 사회적 합의가 부족하다는 점이었다. 사회 주택에는 공공의 자본이 들어간다. 노인이나 저소득층 주거에 대해서는 사회적 합의가 이루어졌다. 그러나 청년 주거는 해주어야 하는 명분을 만들기가 어려웠다. 그동안은 해주더라도 최소한의 주거 복지를 지켜낼 수 있는 선에서 만들어졌다. 그런데 우리가 건축을 하던 사람들이라서 그런지, 내가 사는 집은 이래야 한다는 기준에는 못 미쳤다. 우리가 만든다면 최소한 1인 1실이어야 하고, 환기 등 기본적인 삶의 조건도 괜찮았으면 했다. 건축물의 질 자체가 높은 사회 주택을 생각했다.

청운광산

운이 좋게도 서울시의 토지임대부 사회 주택의 첫 번째 사업자로 선정이 됐다. 청와대 앞, 단정하면서도 매력적인 입지를 40년 장기임대로 개발할 수 있게 됐다. 토지비는 아낄 수 있었지만, 주거지로 안정된 곳은 아니었다. 청와대 일대로 그 직원들이 주로 거주하던 동네다. 도심이면서도 비어 있는 구멍 같은 곳이다. 총 열한 명을 위한 4층 건물을 지었는데, 되도록 동네 근처에 생활 기반이 있는 청년들이 들어왔으면 좋겠다고 생각했다. 1년이든 2년이든 들어와 살면

서 주거지로 자리 잡아갔으면 했다.

양보할 수 없는 기준

청운광산은 방은 따로 쓰고 화장실과 욕실, 주방은 같이 쓰는 셰어하우스다. 전체 형식은 기존 공유 주택과 비슷하다. 다만 우리 기준에서 양보할 수 없는 좋은 주거의 기준을 적용했다. 예를 들어 한 층에 4명이 거주하는데, 이 사람들이 욕실을 한번에 이용해도 불편함이 없도록 샤워실과 화장실 두 개에 각각 문을 달고, 세면대는 따로 두었다. 아무래도 집의 면적이 작다 보니 집 앞 공원을 집 안으로 들이려는 노력도 했다. 원래는 발코니를 계획했지만 거기까지는 무리여서 창으로 대신했다. 각 방은 크기와 모양에 따라 모두 다르게 가구를 넣어 구성했다. 어떤 방은 일하기 좋은 테이블이 있고, 또 어떤 방은 화장대가 잘 되어 있는 식이다. 또한 공유 주택을 운영하면서 우리 나름대로 체득한 노하우를 디테일하게 넣었다. 예를 들어 4층의 주방은 그리 크지 않다. 모든 입주민들이 동시에 밥을 해먹는 경우가 거의 없다. 요즘은 간편식도 많아서 주방의 기능이 크지 않아도 괜찮겠다는 생각을 했다. 대신 1층에 밥을 사 먹을 수 있는 카페를 넣었다.

집과 도시를 만나는 경험, 집은 외부와 만나는 접점

통의동 집은 우리가 처음 기획하고 개발한 공유 주택이다. 이곳을 통해 공유 주택의 다양한 면을 알게 됐다. 원래 집이었던 건물을 개조해서 방음이 취약한 곳이었는데, 오히려 이런 소음이 함께 사는 집으로서의 감각을 깨워준다는 것을 발견했다. 같이 사는 분위기를 조성한다는 측면에서 안정감을 준다는 얘기다. 또 집을 짓는다고 하면 그 집만 생각하게 되는데, 집이 위치한 동네도 중요하다는 점을 알게 됐다. 도시에서 내가 마음을 붙이는 장소가 단지 집만은 아니다. 카페일 수도 있고, 식당일 수도 있는데, 그런 의미에서 도시의 여러 군데에 거주 공간이 있는 것이 아닐까 싶었다. 집을 중심으로 동네가 커다란 거주 공간, 서식지가 될 수 있다는 개념이다. 통의동 집의 입주자가 해준 얘기가 인상 깊었다. '회사-지하철-오피스텔'이라는 단조로운 도식에서 벗어나지 않는 삶을 살다가, 통의동 집으로 이사 온 후 주변 서촌이나 청계천을 걷거나 집 안 공유 공간에서 사람들을 만나고 주방에서 요리를 하면서 집과 도시를 만나는 경험이 풍부해졌다고 했다. 집을 통해 외부와 만나는 접점을 생각하게 됐다.

발코니는 사람에게도 건물에게도 좋은 공간

요즘은 다 확장하지만 발코니는 사람에게도 건물에게도 좋은 공간이다. 에너지 효율을 높일 수 있고, 집 안에서 외부를 만나는 경험을 할 수 있다는 점에서도 좋다. 2020년에는 LH 한국토지주택공사와 함께 노량진에 열세 가구를 위한 공유 주택을 지었는데, 이곳 4층과 5층의 개인 공간에는 각각 발코니를 넣었다. 한정된 공간에 발코니까지 넣기 어려웠지만 고집했다. 사실 전체 면적을 입주자 수로 쪼개보면 18~21제곱미터(약 5~6평)로 원룸과 동일하다. 재분배를 잘하면 충분히 다른 생활이 가능하다.

실험

이런 실험들이 무조건 좋다고 생각하지는 않는다. 불편한 점은 있지만 또 다른 장점이 있을 것이다. 우리가 만든 공유 주택에 살다가 불편하면 다시 원룸에서 살고, 또 심심해지면 다시 이사 올 수 있다고 생각한다. 여러 가지 선택의 가능성을 열어두고 싶다. 우리가 만드는 공유 주택이 주거 시장에서 하나의 상품으로 남았으면 한다. 가격이 저렴하니까 1년만 참고 살자가 아니라, 살기 좋아서 재계약하고 다시 재계약해서 길게 살 수 있는 집이었으면 좋겠다.

부동산, 1인 가구, 라이프스타일의 다층적 변화

부동산 시장이 예전 같지 않고 불안하다. 예전에는 건물을 지어놓으면 알아서 세입자가 들어왔다. 지금은 대충 지으면 안 들어온다. 특히 주거 부문에서의 부동산 투자 패러다임이 변하는 시점이다. 새로운 기획이 탄생할 수 있는 여건이다. 기회가 많다고 본다. 주거에 대한 사람들의 관심도 많이 높아졌다. 인테리어에도 신경 쓴다. 여기에 1인 가구의 계층도 두터워졌다. 예전과 달리 1인 가구의 소득 수준도 꽤 높아졌다. 1인 가구의 라이프스타일에 다층적인 변화가 생기고 있다.

서울 탐구

공유 주택을 기획하고 개발하는 일뿐만 아니라 서울을 알아가는 자체 프로젝트도 수행하고 있다. 서울은 역사가 오래된 도시다. 어떤 지역의 어떤 집을 볼 때, 여기는 왜 이런 집이 지어졌고, 건물은 왜 이런 형태인지와 같은 궁금한 부분을 해결하기 위한 자체 기획이다. 예를 들어 지금 아파트가 왜 24평, 32평으로 나뉘었는지 시대적 배경이나 계기, 역사나 지리에 대한 얘기도 수집한다. 서울의 좋아하는 공간을 기록하는 프로젝트도 진행한다. 삼시옷 직원이 대여섯 명 정도인데, 팀원들이 모두 욕심이 있고 까탈스럽다. 항상 어떤 일이든 하고 있다.

코사이어티

이민수 & 위태양

크리에이티브, 비즈니스, 그리고 이야기

서울 성수동 서울숲 근처, 아찔한 높이의 빌딩 맞은편, 대로변의 한 좁은 골목을 따라 살짝 안쪽으로 들어가면 '코사이어티(cociety)'라고 쓰인 작은 주황색 간판이 보인다. 도로에서 불과 한 블록 들어왔지만 순식간에 적막이 찾아온다. 작은 정원이 있는 층고 높은 1층 건물은 집처럼, 갤러리처럼 호젓하다.

성수동의 여느 공간이 그렇듯, 얼마 전까지 금속 공장으로 기능했던 투박한 공간은 완벽하게 모습을 바꿨다. 현대적인 분위기의 회색 건축물에 단정한 가구들이 놓여 있는 공간은 일부러 멋 부리지 않아 더 멋스럽다.

처음 만나는 라운지에는 익숙한 커피 냄새와 부산한 움직임들이 가득하다. 카페인가 싶지만, 커다란 테이블과 무심한 표정의 집기들은 F&B 공간 같지 않다. 빈백이 놓인 서재와 곳곳에 놓인 책들은 일견 사무실을 연상시킨다. 천장을 올려다보면 도심에서는 보기 힘든 박공지붕으로 햇볕이 쨍하게 내리꽂힌다. 이곳은 대체 뭐하는 곳일까?

한 걸음 더 안쪽으로 들어가면 마당이 불쑥 나타난다. 초록 풀 사이로 놓인 테이블과 의자에는 쉼을 즐기는 사람들이 있다. 꺾어 들어간 안쪽 공간에는 커다란 전시 공간이 펼쳐진다.

창의력이 필요한 요즘 워커들을 위한 공간

코사이어티는 '언맷피플'에서 운영하는 라운지 공간의 이름이다. 이민수·위태양 대표가 공동으로 운영하고 있다. 이민수 대표는 이전에 건축사무소를 운영했고, 디자인 대학의 교수로 5년간 학생들을 가르치기도 했다. 위태양 대표는 브랜딩 전문가다. 둘은 '언맷피플'의 전신인 '스튜디오 언맷'에서 만났다. 개별 1인 기업(창작자)이 모인 연합체(크루)로 각각의 영역에 맞게 활동을 하다가 서로가 필요하면 협업도 했던 조직이었다.

이민수·위태양 대표는 각자의 영역에서 뭔가를 만들어 냈던 사람들이다. 그러다 보니 창의적으로 일하는 방식에 관심이 많다. 단지 건축 디자인을 하는 사람이라서, 혹은 브랜드 디자인을 하던 사람이라서가 아니다. 사실 일하는 방식이 바뀐 현대에는 거의 모든 사람들에게 창의성(creativity)이 필요하다. 흔히 창작자라 불리는 예술가·디자이너·작가·에디터·건축가들에게만 필요한 덕목이 아니라는 얘기다. IT 업계에서 일하는 개발자도, 기업의 마케터들도, 수학자에게도, 심지어 공무원에게도 창의성은 필요하다.

코사이어티의 핵심 고객은 '일하는 사람(workers)'이다.

그중에서도 관성에 따르기보다 일을 새롭고 창의적으로 하고 싶은 사람들이다. 새로운 생각이 필요할 때 가장 좋은 방법은 새로운 사람을 만나거나, 새로운 공간에 가는 것이다. 여행이 신선한 자극이 되어주는 것과 마찬가지다.

창의적으로 일하고 싶은 사람들이 가볍게 어울리면서 뭔가를 도모하게 만들 수는 없을까? 특별한 목적이 없어도 커피를 마시며, 혹은 책을 읽으며, 수다를 떨며 저마다의 일상을 나누다가 대화의 간극에서 빛나는 아이디어를 포착해낼 수는 없을까? 코사이어티는 현대인들의 이런 고민을 해결해주는 서비스다. 단지 장소로서만이 아니라, 콘텐츠와 그 이상의 힘까지 동시에 제공한다.

B+A+C+D=?

카페의 모습을 하고 있는 코사이어티 B동은 이런 사람들을 위한 라운지다. 여느 카페처럼 커피를 내리는 커피바가 있고 의자와 테이블이 있으며 아늑한 조명이 있다. 일단 일상에서 잠시 유리된 듯한 공간감을 주는 장소의 효과가 대단하다. 뭔가 새로운 생각이 떠오를 것만 같은 영감 가득한 공간이다.

교류를 위한 라운지 역할을 하는 B동과 달리, 사무실 형태의 A동은 철저한 몰입의 공간이다. 책상과 작업대가 준비되어 있고, 3~4인이 이용할 수 있는 작은 회의실도 있다. 이곳은 코사이어티 '프렌즈'(코티 프렌즈)로 불리는 창작자들의 공간이다. 창작자들이 작정하고 일을 벌일 수 있도록 설계했다. 창작의 힘을 발휘해야 하는 팀 단위 프로젝트도 수행할 수 있는 장소다.

이들은 때로는 고객이 되기도, 때로는 기획자가 되기도 한다. 핵심 고객은 아니지만 코사이어티를 이루는 중요한 멤버. 코티 프렌즈들도 라운지에서 가볍게 휴식을 취하거나 음악을 듣고 독서를 즐긴다. 옆에 앉은 사람과 고민을 나누고 관심사를 공유하기도 한다. 이민수·위태양 대표는 스튜디오 언맷 시절, 배경이 다른 창작자들이 모여 이야기하면서 많은 문제들이 의외로 쉽게 풀리는 것을 경험했다. 생존에 대해 의논하고 고민을 나누다 보니 협업의 기회도 생겼다. 코사이어티와 같은 공간을 떠올렸던 계기다.

탁 트인 실내에 박공지붕이 매력적인 C동은 전시나 촬영, 문화행사 등 다양한 프로그램을 진행하는 멀티 공간이다. 실외도 실내도 아닌 D동은 야외 모임과 전시를 위한 열린 공간이다.

제3의 공간, 전시, 팝업, 라운드 토크, 파티, 소풍

얼른 이해가 되지는 않는다. 최근 도심 지역에서 세를 확장하고 있는 '위워크', '패스트파이브'처럼 함께 모여 일할 수 있는 공유 오피스 개념인지, 아니면 최근 주목받는 지식 콘텐츠 서비스 '트레바리', '롱블랙'의 오프라인 버전인지 말이다.

창의적으로 일하고 싶은 사람들이 자유롭게 들러 영감을 얻어갈 수 있도록 공간을 서비스하고, 코티 프렌즈로 불리는 창작자들에게 작업 공간을 빌려준다는 점에서는 전자 같다. 하지만 단순히 공간을 대여해준다기보다 다양한 프로그램과 콘텐츠를 기획해 창작자들이 교류하고 영감을 얻는다는 측면에서는 후자에 가깝다. 두 공간의 기능을 절묘하게 섞은 새로운 제3의 공간이자 서비스인 셈이다.

처음 공간을 오픈하고 약 3개월가량은 사용 기간에 따른 비용을 지불하는 멤버십 형태로 운영됐다. 건축을 공부하는 학생부터, 커피 브랜드 기획자, 패션 브랜드 CEO, 그래픽 디자이너, 공간 디자이너들이 코사이어티의 문을 두드렸다. 이들은 휴식이나 작업을 위해 작업 공간을 사용하거나, 라운지에서 커피를 마시며 소소하게 대화를 나누고 자연스러운 접점을 만들어갔다. 코사이어티가 기획하는 프로그램에 참여하기도 했다.

또한 코사이어티의 공간들에는 콘텐츠가 흐른다. 다양하면서도 매력적인 프로그램이 시시때때로 열린다. 사진과 오브제가 어우러진 전시가 열리는 한쪽에서는 팝업으로 커피 브랜드가 손님을 맞고, 야외 공간에서는 영화 상영회와 작은 음악회가 열린다. 우리 주변의 멋진 브랜드에 대한 이야기를 들어보는 '잇 토크', 강연 프로그램 '코티 인스퍼레이션' 등 소모임도 활발하다. '그림으로 먹고살기, 가능할까요?', '잡지, 왜 계속 만드는 거죠?' 등 라운드 토크 프로그램의 주제들도 흥미롭다.

코사이어티의 프로그램은 워커들의 뇌를 말랑말랑하게 만들어주는 콘텐츠이기도 하지만, 새로운 사업 기회를 모색하는 장이 되기도 한다. 열두 개 커피 브랜드를 모아 스페셜티 커피 로스터들의 이야기를 다룬 '다가오는 커피'나, 작은 상점 운영자들의 '다가오는 상점' 등의 기획이 그 예다. 제품 판매도 하고 서로의 브랜딩에 영감을 주기도 한다.

워커들의 삶을 바꿔보자

코사이어티 오픈 이후 지난 2년. 운영을 해가면서 비즈니스 모델이 구체화됐다. 코로나19의 영향도 있었다. 코티 프렌즈로 불리는 창작자들은 협업의 대상, 핵심 고객은 일하는 사람들로 이분화했다. 코사이어티 공간을 채우는 프로그램은 창작자들과 협업하고, 코사이어티에 온 워커(고객)들은 이들의 프로젝트를 보고 영감을 얻어가는 식이다.

제주와 판교에 제2, 3의 공간을 내면서 워커들을 위한 공간이라는 정체성은 보다 더 명확해졌다. 성수가 일과 일 사이 잠시 동안의 외유를 약속한다면, 제주는 마치 출장을 간 듯한 기분으로 일하고 쉴 수 있는 공간을 지향한다. 이른바 '워케이션(work+vacation)'이다. 일상에서 한 발 떨어진 자연 속에서 자신이 해오던 일을 다시 생각하고, 생산적 쉼을 제안하는 장소다. 총 열두 채의 숙박 공간과 라운지, 공용 공간 등으로 구성되어 있다. 열두 채 중 여섯 채는 기업 대상 레지던스, 나머지 여섯 채는 개인에게 개방된 숙박 공간이다. 기업 레지던스의 경우 연간 계약을 통해 해당 기업의 임직원들이 임의로 사용할 수 있도록 했다.

2022년 상반기 문을 여는 판교점은 도심형 모델이다.

IT기업들이 많은 판교에서 '백 오피스' 역할을 하는 공간으로 공유 오피스와 비슷하지만 다른 형태로 만들어졌다. 공유 오피스처럼 멤버쉽 점유 형태가 아닌, 공간이 필요한 IT·벤처 기업을 위한 공간이다. 일하는 이들을 위한 라이프 스타일 숍도 들어섰다.

코사이어티는 단지 잘 디자인된 공간 이상이다. 무엇보다 매력적인 콘텐츠가 흐르는 공간이라는 점에서 주목할 만하다. 누구나 창작자가 되어야 하는 시대, 쉽게 소모되곤 하는 일상에서 떨어져 아이디어의 한계를 지우고 생각의 외연을 넓힐 수 있는 장소다.

팬데믹으로 일하는 환경이 변하고 있다. 디지털 노마드족이 단지 이론이 아닌 실재할 수 있다는 가능성을 발견했던 시기이기도 하다. 디지털 기기만 있으면, 제주에서든 판교에서든 성수에서든 장소에 구애받지 않고 일할 수 있다. 인식이 바뀌었고, 각인된 인식은 상황이 변해도 그 전의 모습으로는 돌아가지 않는다. 코사이어티는 일하는 공간이 변하는 지점을 포착해 어떻게 서비스로 만들 것인지를 고민하고 있다.

소사이어티와 코사이어티는 다르다

이름 자체에서 우리가 하고 싶은 일을 유추할 수 있다. 코-소사이어티(Co-Society)의 준말이다. 소사이어티, 즉 사회는 이미 만들어져 있는 시스템이다. 그 안에서 다수를 설득하긴 어렵지만 마음이 맞는 좁은 범위의 사람들끼리 작은 사회를 만들어보자는 뜻이다. 크리에이티브를 갈망하고 목말라하는 사람들이 모여서 교류하며 서로에게 영감이 되었으면 했다. 이 과정을 통해 크리에이티브가 사업으로 연결되면 더 좋고. 이런 것들을 꿈꾸고 있다.

공간의 정체

2019년 8월에 임시 오픈을 하고 그해 11월까지 프라이빗 코워킹 스페이스로 3개월 정도 운영했다. 그러다 보니 공유 오피스로 이해하는 사람들이 많았다. 사실 일하는 사무실이라기보다 사람들이 와서 놀고 즐기고 대화하는 장소가 되었으면 했다. 물론 일을 할 수 있는 공간도 만들었지만 그것이 중심은 아니다. 라운지 공간을 크게 만들었는데, 이곳에 카페도 있고 팝업 스토어도 있다. 음악을 듣는 공간이나 영화를 보는 공간도 넣었다. 자유롭게 공간을 즐길 수 있도록 기획했다. 이 공간을 설명하는 정확한 문구는 '영감을 위한 장소(a place for inspiration)'다. 일보다는 가벼운 대화나 소모임을 통해 멤버들이 서로에게 영감을 주었으면 했다.

코티 프렌즈, 공간보다는 행위

이런 공간이 한국에는 거의 없다. 사람들이 처음에는 도대체 무슨 서비스인지, 혹은 카페인지 많이 물어왔다. 워커들을 위한 공간이라는 설명 때문인지 기존의 공유 오피스에서 제공하던 주소지 등록 등의 서비스를 기대하는 사람들도 있었다. 단순히 공간을 제공하기보다 사람들이 서로 어울리는 행위 자체를 중심에 두는 서비스다.

문화 발신, 크리에이터, 모든 이들

처음에는 창의적인 무언가를 만드는 사람들이 왔으면 좋겠다는 생각을 했다. 실제로 지금 코사이어티에 오는 이들 대부분이 디자이너, 건축가, 작가 들이다. 특히 디자이너가 많다. 어떤 도시든 문화를 발신하는 창작자들이 주축이 돼 새로운 산업이 형성된다고 믿는다. 우리도 크리에이터 출신이다. 그런데 운영하다 보니 지금 환경에서는 모두가 크리에이터여야만 한다는 생각이 들었다. 스타트업 직원은 물론 일반 회사에서 스스로 크리에이터이길 자처하는 팀도 있다. 디자인 직군에 있거나 관련 산업에 종사하는 사람들만 한정하고 싶지 않다. 더 넓은 범주의 창작자들이 이곳에 오길 바란다. 굳이 정의하자면 뭔가 생산하고 싶고 만들고 싶은 모든 이들이다.

브랜딩만 잘된 사례나 공간만 좋은 사례가 통하지 않았다

우리는 스튜디오 언맷을 통해 이어져는 있었지만 공간과 브랜딩이라는 각자의 영역에서 작업을 했다. 그런데 시간이 갈수록 업무 영역이 조금씩 겹쳐졌다. 소비자들의 눈높이가 높아지면서 단순히 브랜딩만 잘된 사례나 공간만 좋은 사례가 통하지 않았다. 둘이 연결된 경험을 좋아했다. 그럼 아예 한 회사로 만들어서 공간과 브랜딩을 함께 진행하고 여기에 운영까지 해보면 어떨까 하는 생각이 들었다. 인테리어를 하는 구희본 소장님과 함께 코사이어티를 구상하고 만들었다.

기획과는 다른 운영

언맷피플은 스타트업이다. 브랜딩 전문가와 공간 전문가가 만나 각자의 영역을 조금 더 확장해보자는 욕심이 담긴 회사다. 가장 중요했던 미션은 운영이다. 고객의 일을 수주해서 진행하는 것만이 아니라 '우리의 것'을 해보고 싶었다. 운영을 직접 해보니까 느끼는 바가 많았다. 그동안은 운영하는 입장에서 생각하지 못하고 창작자로서 가능한 옳은 것, 바람직한 방향을 고집했다. 과거에 우리가 고객사들에게 가졌던 태도를 많이 반성했다.

언맷 니즈(unmet needs), 중요하지만 아직 발견되지 않은 가치

히든 니즈(hidden needs)라고도 하는데, 어떤 필요가 있는데 그런 필요가 있다는 것도 인지를 못하는 상태를 뜻한다. 분명 충족되지 못한, 필요한 욕구인데 인지하지 못한 숨겨진 가치들이다. 언맷피플은 이런 것들을 제안하고 해결하자는 미션이 있었다. 중요하지만 아직 발견되지 않은 가치들이다.

크리에이티브! 비즈니스! 스토리!

코사이어티는 창의성을 키우고, 비즈니스를 만들고, 이야기를 공유한다는 세 가지 목적을 가지고 만든 공간이다. 다양한 문화 활동을 하고 전시도 한다. 누군가를 교육시키기 위한 일이라기보다 이런 활동을 바탕으로 누군가의 창의성이 자라났으면 하는 바람이다. 자신의 일에 매몰돼 새로운 생각을 꺼내지 못하는 워커들이 뭔가를 경험하고, 나눌 수 있는 장을 만들고 싶다. 이 공간에서 문화가 자라났으면 좋겠다.

창의적으로 일하는 사람들의 생존에 대한 이야기

코사이어티를 만들면서 가장 중요하게 생각했던 부분이다. 워커들의 생존에 대한 이야기가 펼쳐졌으면 한다. 여기서 사업이, 산업이 일어나기를 바란다. '다가오는 커피'라는 기획을 한 적이 있었다. 열두 개 카페 브랜드의 바리스타가 와서 스페셜티 커피와 로스터들의 이야기를 전했다. '다가오는 상점'으로 상점을 운영하는 사람들을 모이게 하기도 했다. 행사 기간 동안 발생하는 매출도 좋지만, 이런 브랜드가 있다는 것을 알리고 산업군 자체를 활성화시켰으면 하는 바람이 있다. 창작자들이 혹은 예술가들이 비즈니스를 원할 거라고 생각하지 않는 경우가 많지만 절대 그렇지 않다. 어떻게 창조적인 비즈니스를 만들지에 대한 관심이 굉장하다. 이 부분을 좀 더 원활하게 해줄 수 있는 매개가 되고 싶다.

어떻게 하면 가치 있는 것들을 지속 가능하게 할 수 있을까?

처음 열었을 때 오프닝 파티를 하는 것이 쑥스러워서 스튜디오 '텍스처온텍스처'의 사진전을 개최했다. 이때 조그만 상점을 같이 열어 도자기 같은 물건들을 판매했다. '일러스트레이터 먹고살 만한가요?'라는 주제로 일러스트레이터들을 모아 대화하는 세션을 마련하기도 했고, '잡지, 왜 계속 만드는 거죠?'라는 주제로 '볼드저널' 같은 독립 잡지 만드는 분들에게 질문을 던지기도 했다. 예술가나 디자이너 들의 창조적 비즈니스를 응원한다. 어떻게 하면 가치 있는 것들이 지속 가능하게 이루어질 수 있을지 고민하고, 이런 것을 전시나 행사에 녹여내고 싶다.

어떤 사람들이 어떤 멋진 활동을 하는지가 관건이다

우리가 하는 일을, 작품을 전시하고 작가와 대화하는 미술관 갤러리스트에 비교하기도 한다. 차이점이 있다면 보여지는 것, 즉 결과물이나 오브제를 중심으로 이야기하기보다, 공간 안에서 이루어지는 경험을 중시한다는 점이다. 워커들이 이 공간에서 경험할 수 있는 무형의 다양한 활동들을 중심에 두고 이를 바탕으로 기획을 짜고 싶다. 정말 멋지게 만들어진 카페나 공간도 그 안을 채우는 콘텐츠의 질이 좋지 않으면 금세 문을 닫는 경우가 많다. 100년 가는 공간을 만든다면 요즘에는 하드웨어보다 소프트웨어가 중요하다. 어떤 사람들이 어떤 멋진 활동을 하는지가 관건이다. 멋진 콘텐츠 없이 빛을 발하는 공간은 없다.

세밀하게 느슨하기

코사이어티의 공간을 만들 때 무엇보다 소통이 잘 일어날 수 있도록 기획했다. 예를 들어 B동 공간에 들어서면 커피바가 정면이 아닌 측면으로 놓여 있다. 손님과 바리스타가 정면이 아니라 측면으로 바라볼 수 있도록 배려했기 때문이다. 조금 더 편안한 관계를 만드는 구조다. 목적을 가지고, 어떤 프로젝트를 수행하기 위해 약속을 잡아 만나는 것이 아니라, 느슨한 모임, 그 안에서 일어나는 우연적 시너지를 만들어보고 싶다.

수수께끼

코사이어티와 같은 공간을 어떻게 정의해야 할지 궁금해하는 분들이 많다. 우리는 반대로, 우리를 굳이 정의해야 할까 생각한다. 어떤 사람의 정체가 다 파악이 되지 않고 읽히지 않을 때 오히려 매력적이라고 생각한다. '여기 뭐하는 데야?' 이런 질문들을 정말 많이 받는다. 너무 쉽게 드러나면, 한번 소비하고 아, 여기 이런 데구나, '도장 깨기' 하듯 방문하고 말 것 같다.

코사이어티를 만들 때 부지가 마음에 들었던 이유는 골목 안쪽에 있다는 거였다. 숨어 있는 신비로운 공간을 만들고 싶었다. 좋아하는 크리에이터들의 전시도 있고 그들과의 대화도 있고, 어쩌다가 일거리가 있으면 일도 나누고, 이런 다채로운 경험을 할 수 있는 공간이다. 정확하게 읽히진 않지만, 재미있고 흥미로운 일이 일어나는 곳 정도로 생각해줬으면 좋겠다.

성수동

한번에 다 가독(可讀)되지 않는 동네라고 생각했다. 다층적이다. 언맷피플의 전신인 언맷 스튜디오도 성수동에 있었는데, 길을 다니다 보면 '이게 언제부터 있었지?' 이런 의문이 드는 곳이 많다. 속속들이 알기 어려운 신비의 영역 같은 동네다. 자본이 있는 강남과 가깝다는 점에서 지리적 위치로도 괜찮다. 창작을 기반으로 한 산업이 일어나기 좋은 동네다. 또한 반전 매력이 있다. 카센터나 공장이 있는데 안쪽으로 들어가면 창작자들의 스튜디오가 있다. 입구는 허름한데 안은 탁 트인 공간이라든지….

커뮤니티, 라운지

해외에 비해 한국의 가장 아쉬운 점이 커뮤니티 문화의 부재다. 커뮤니티는 너무 끈끈하지도, 너무 소원하지도 않게 서로 이야기할 수 있는 관계에서 만들어진다. 창의적으로 일하고 싶어하는 사람에게 꼭 필요한 관계다. 물론 한국에서는 커뮤니티라고 하면 너무 끈끈한 관계를 떠올리는 경우가 많아서, 커뮤니티보다는 라운지라는 명칭으로 소구하고 있다. 소속감을 조금 더 낮춘다는 측면에서, 마음 편하게 들를 수 있는 공간이 됐으면 한다.

생산적인 일

현재는 워커들의 창의력(creativity)을 자극하는 행사나 콘텐츠 제공에 공을 들이고 있지만, 사실 가야 할 방향은 사업의 육성이다. 전문적 영역이라 앞으로 풀어야 할 숙제가 많다. 여기서 창작자들끼리의 프로젝트가 많이 일어났으면 한다. 특히 생산적인 일이었으면 한다. 언맷피플이 창작자들을 위한 컨설팅 역할을 해줄 수도 있을 것 같다. 역량을 가진 사람들이 생산적인 결과물을 만들어낼 수 있도록 돕고 비즈니스의 차원으로 끌어내고 싶다. 프로그램 런칭도 생각하고 있다. 투자 쪽에 있는 전문가들을 초대해 이런 생각을 가진 워커가 있는데, 어떻게 비즈니스로 풀어낼 수 있을지 자문을 구해볼 수도 있을 것 같다. 우리는 이런 자리를 많이 만드는 것만으로도 도움이 될 수 있다고 생각한다. 액셀러레이터(촉진자)라는 적극적인 역할보다는 트랜스레이터(통역사)에 가까운 역할이 아닐까 싶다.

멤버십

2019년 가을쯤 공간을 임시 오픈했을 당시에는 한 달 단위로 멤버 신청을 받아서 운영했다. 패션 브랜드 CEO, 커피 브랜드 대표, 건축학도, 사진작가, 그래픽 디자이너, 공간 디자이너 등 주로 라이프스타일 분야에서 일을 하는 분들의 관심이 많았다. 일이 너무 바빠서 한 달에 한 번 겨우 오는 분들도 있었지만, 그래도 좋았다고 평

가한다. 일터에서 너무나 명확한 역할을 가지고 일을 하는데, 이곳에 오면 목적 없이 소통을 할 수 있어 좋다고 했다. 뭔가에 몰입해야 할 때는 A동에서, 누군가와 소통하고 싶을 때는 B동에서 이루어질 수 있도록 공간을 따로 만든 것이 효과적이었다.

창조적 휴식

요즘 워커들은 일과 쉼의 경계가 모호하다고 생각했다. 여행을 가서도 영감을 얻으려고 하고, 일하면서도 쉬고 싶어 한다. 서울이 아닌, 지역 거점을 생각하는 이유다. 2021년 봄에 제주 '코사이어티 빌리지'가 오픈했다. 부산이나 속초 등 먼 곳부터, 가평처럼 비교적 수도권에서 가까운 곳까지 다양한 지역을 검토하는 중이다. 일상에서 벗어나면 색다른 아이디어가 떠오를 수도 있다. 지역 거점까지 완성이 되면 보다 완전한 형태의 멤버십 서비스를 제공할 수 있을 것 같다.

몰입

코사이어티를 운영하다 보니, 결국 워커들이 몰입해서 하는 일은 혼자서 한 자리에서 한다는 것을 알 수 있었다. 그렇다면 그 몰입을 새로운 환경에서 해보면 어떨까 생각했다. 일종의 지적 유희다. 지금은 어떤 사람이든 자신의 커리어를 정교하게 다듬어야 승산이 있다. 사실 쉴 때도 생산적으로 쉬어야 한다. 물론 지방에 내려가 뭔가 대단한 작업, 걸작을 만드는 것은 아니지만, 산책하고, 건강한 음식도 먹고, 일광욕도 하는 그런 시간이 지금 시대의 창작자들에게 필요한 시간이 아닐까 한다. 일과 휴식의 중간 지점이라고 본다. 일반 회사에서도 워크숍을 지방으로 많이 가지 않는가. 기업을 위한 프로그램도 만들 계획이다.

도시공감협동조합건축사사무소

이준형

집 밖에 집 짓기

남산 자락 아래 야트막한 구릉에 자리한 후암동은 서울에서 몇 안 남은 저층 주택지다. 고층 아파트나 빌딩 대신 단독 주택과 다세대 주택, 적산 가옥이 옹기종기 모여 독특한 정취를 풍긴다. 길을 따라 미로처럼 뻗어 있는 작은 골목과 전신주, 비밀을 품고 있는 듯한 정겨운 대문이 눈길을 끈다. 누군가는 이런 후암동을 두고 서울의 한가운데에 있는 '섬' 같다고 표현한다. 바로 옆 서울역 한강로에는 고층 빌딩이 즐비하고, 밑에는 예의 그 용산 미군기지가 있고, 또 다른 방향으로 걸어 내려가면 늘 사람들로 붐비는 남대문 시장이 있다. 그러니까 후암동은 서울의 명소를 동서남북으로 끼고 있는, 유명하지 않은 동네다.

이 조용한 후암동이 최근 변화의 물결을 맞고 있다. 흔한 새것 대신 귀한 헌것을 선호하는 요즘 젊은이들의 '빈티지' 사랑이 후암동으로 향한 것이다. 카페와 레스토랑이 하나둘 조용히 생겨나고, 어쩐지 때가 탄 듯 정겨운 동네 풍경을 보러 많은 이들이 후암동의 언덕을 오르내린다. 물론 그 변화가 여타 다른 지역처럼 요란하진 않다. 숨을 고르듯, 조용한 변화가 눈에 띈다. 도시공감협동조합건축사사무소의 '프로젝트 후암'도 그렇다.

지역, 마을, 도시에서 사람들과 공감하는 건축

"단순히 건축물을 하나 만드는 일보다는, 지역이나 마을, 도시에서 사람들과 공감할 수 있는 건축 일을 하고 싶었다."

성균관대 건축학과 선후배 여섯 명이 의기투합한 건축사사무소 도시공감협동조합의 얘기다. 2014년 11월 창업을 하고, 바로 사무실을 내는 대신 뿌리를 내릴 지역을 탐색하는 데 몰두했다. 성북동이나 충신동 등 서울 시내의 오래된 저층 주거지 위주로 물색했다. 그러다 우연히 후암동을 발견하고 그 매력에 빠져들었다.

도시공감협동조합이 후암동에 둥지를 튼 뒤 가장 먼저 한 일은 후암동의 집들을 기록하는 일이었다. 후암동 일대에서 20년 이상 오랜 세월을 지낸 집을 돌며 주택을 실측하고 그림을 그렸다. 그 집에 사는 사람들의 집과 삶에 대한 이야기를 인터뷰했다. 이를 도면과 이미지로 정리해 기록물로 만들고 '후암가록(厚岩家錄)'이라는 공간을 만들어 전시했다. 이름 그대로 후암동의 집을 기록하는 공간이었다. 입장료 없이 후암동이 궁금한 누구나 들러 관람할 수 있었다. 간혹 젊은 작가의 전시나 동네 아이들이 그린 그림이 전시되기도 했다. 누구나 오며 가며 들러 즐길 수 있는 후암동의 작은 갤러리였던 셈이다.

후암가록이라 불렸던 곳은 지금 후암노트로 이름을 바꾸었다. 공간의 이름을 노트로, 그 안에 전시된 콘텐츠를 후암가록으로 분리하면서부터다. 후암노트는 기존처럼 동네 갤러리로 기능하고 있다. 어느 때나 후암동을 거닐다 자유롭게 방문하여 전시를 보고 쉴 수 있는 쉼터 같은 곳이다. 후암동 사람들의 이야기를 기록하는 후암가록은 현재도 진행형이다.

집 밖으로 나온 공유 공간

청년 건축가들이 공간에 대해 고민할 때 '공유' 개념을 떠올리는 것은 자연스럽다. 땅값과 집값이 비싼 서울에서 공간은 대부분 한정적이다. 모든 기능이 갖추어진 집다운 집을 누리기 위해서는 너무 많은 돈이 필요하다. 특히 젊은 세대에게 현실은 더 엄혹하다. 그렇다면 집의 기능을 집 밖에서 구할 수는 없을까? 집에서 하지 못하는 것을 집 밖에서, 마을에서 할 수 있다면 어떨까? 집 밖으로 나온 공유 공간, 프로젝트 후암의 시작이다.

2017년 3월, 후암동의 비어 있는 상가를 개조해 '후암주방'을 만들었다. 공유 주방이다. 원룸 등 협소한 집에서 살다 보면 잘 갖춰진 주방이 필요할 때가 있다. 친구의 생일에 미역국을 끓여주고 싶을 때, 연인과 기념일을 맞아 근사한 식탁을 차려내고 싶을 때 등이다. 널찍한 테이블과 조리대, 각종 조리도구가 필요한 사람들이 후암주방을 찾았다. 지금은 그곳에 제빵실이 자리한다. 후암주방은 인근에 있는 조금 더 넓은 공간으로 옮겨졌다.

　주방과 제빵실 모두 나무로 된 가구를 주로 사용하고 조명도 적당히 어두워 상업 공간 같은 느낌이 들지 않는 것이 매력이다. 여러 명이 함께 사용하는 공간이지만 내가 빌린 시간만큼은 내 집에서 머무는 것 같은 아늑한 느낌을 준다. 보통 하루 한두 팀이 이용하고 한 달 평균 50~55팀이 이곳에서 음식을 만들어 나누며 추억을 쌓는다. 대부분 가족이나 친지, 친구와의 식사 모임을 위해 공간을 빌린다. 제빵실의 경우 집에 구비해 두기 어려운 전문 도구들이 갖춰져 있어 빵을 만들어보고 싶은 이들이 찾는다. 기념일에 연인에게 줄 생일 케이크를 굽는 사람들도 많다.

　후암주방을 만들고 몇 개월 후에 '후암서재'를, 2019년 7월에는 '후암거실'을 만들었다. 후암서재는 책꽂이와 책,

테이블과 소파, 싱크대 등이 구비된 작은 작업실이다. 반나절쯤은 오롯한 나만의 작업실에서 머무르고 싶은 이들이 주로 찾는다. 조용히 책을 보기에도, 회의나 소규모 모임을 하기에도 좋다. 서너 명이 참여하는 소규모 클래스도 이루어진다. 이곳은 후암동 주민들의 이용 비율이 특히 높다. 집 근처 카페도 좋지만 조용한 서재에서 방해받지 않고 집중할 수 있기 때문이다. 단골손님의 비율도 높은 편이다. 청년은 물론 40대, 50대까지 이용 고객의 연령대가 다양하다.

동네 사랑방처럼 부담 없는 모임 장소가 필요할 때도 있다. 그럴 때는 후암거실이 제격이다. 단어 그대로 여느 가정집 거실을 그대로 옮겨놓은 듯 너른 소파와 빔 프로젝터가 놓여 있는 공간이다. 생일 파티부터 영화 감상, 독서 토론 모임 등을 열기 좋은 공간이다. 이곳 역시 주민들의 이용 비율이 높은 편이다. 어린 아이가 있어 일반 카페에 가기 어려운 주부들이 아이들과 함께 모임을 갖는 경우도 많다.

2020년 4월에 문을 연 '후암별채'는 도시인을 위한 휴식 공간이다. 한나절을 빌려 책을 읽고 차도 마시고, 목욕을 하는 등 오롯한 혼자만의 시간을 보낼 수 있는 자발적 고립의 공간이다. 낮에만 하는 호캉스의 공유 버전인 셈이다. 올해 2월에는 후암별채의 두 번째 공간이 만들어졌다.

욕실 브랜드 '이누스'와 함께한 공간으로 이름도 후암별채 이누스다.

사람들의 이야기로 완성되는 공간

이 모든 것을 집 안에 갖추어놓을 수 있다면 좋겠지만, 그렇게 할 수 있는 사람은 그리 많지 않다. 친구들을 초대해 근사한 요리를 차려낼 수 있는 널찍한 주방과, 나만을 위한 음악을 틀어놓고 마음껏 책을 읽을 수 있는 작업실, 그리고 삼삼오오 모여 좋은 영화라도 한 편 볼 수 있는 사랑방까지. 후암동에 가면 이런 공간들이 마을 곳곳에 흩어져 있다. 후암주방과 거실, 서재는 집 밖으로 나온 공유 공간이다. 여러 명이 공유하는 주방, 거실, 서재라는 의미지만 함께한다는 의미보다는 집 밖으로 나왔다는 데 더 의미가 있다.

소규모 공유 공간이라는 점은 코로나19에도 살아남을 수 있었던 장점이 됐다. 대형 카페는 부담스럽고, 누군가 만나야 할 때 작은 규모의 예약제 공간은 좋은 대안이 되어주었기 때문이다. 그래서 코로나19 기간 동안 예약 수가 오히려 늘었다. 아무리 온라인에서 무엇이든 할 수 있을 것 같은 시대여도, 결국 오프라인에서 누군가를 만나고, 경험하는

것은 포기하지 못한다. 대체 불가능한 경험을 하기 위해 사람들은 후암동의 공간을 찾았다.

2021년 4월에는 후암동의 공간을 아우르는 인포메이션 센터, 후암연립도 만들어졌다. 후암동 여기저기 흩어진 공간들을 한데 모으는 작업의 시작이다. 직접 예약해 경험해보지 않으면 알 수 없는 프로젝트 후암을 알리는 공간으로 문턱을 낮춰 카페로 운영한다. 오는 가을에는 프로젝트 후암의 여덟 개 공간을 모아 길 위의 플리마켓을 열 계획이다. 예약하지 않아도 공간을 둘러볼 수 있는 오픈 하우스 개념으로 물건도 팔고 사람들도 만날 생각이다.

후암동의 공유 공간은 도시공감협동조합이 만들었지만, 공간을 채우는 것은 이곳을 방문하는 사람들의 이야기다. 프로젝트 후암의 공간들에는 한 권의 방명록이 반드시 비치되어 있다. 방명록에는 연인과 데이트를 하며 만들어 먹은 파스타 이야기, 서재에서 친구들과 여행 계획을 세운 이야기가 담겨 있다. 공간을 이용하는 사람들의 사소한 일상은 공유 주방과 거실, 서재라는 낯선 공간을 친숙하게 만든다.

공감

성균관대에서 건축을 공부한 선후배 여섯 명이 함께 만든 건축 사무소다. 도시 전공 교수님들의 영향을 많이 받았다. 건축 디자인에 몰입하는 분도 있었지만, 지역이나, 마을 전체를 다루는 시각을 중요하게 여긴 교수님도 있었다. 하나의 건축물을 아름답게 짓는 것도 중요하지만 마을에서 그 건축물이 갖는 의미가 우리에게는 더 중요하게 느껴졌다. 이름을 지을 때도 이런 관점이 반영됐다. 지역이나 마을이라고 하면 조금 협소한 느낌이 있어서 도시로 범위를 넓혀 우리의 활동 영역을 적시했다. 공감은 우리가 추구하는 가치다. 도시에서 지역 사람들이 공감할 수 있는 건축을 하자는 의미다.

협동조합

선후배가 의기투합해 하고 싶은 일을 하자고 뭉쳤다. 동업 형태다. 같이 만든다는 차원에서 협동조합 방식으로 하자는 의견이 모였다. 조금 더 수평적인 의사 결정을 할 수 있다는 특성이 있다. 창업은 2014년 겨울에, 후암동에 들어온 것은 2016년 여름이다.

터

지역을 기반으로 활동하고 싶다는 생각을 했으니 우리가 활동할 터를 찾는 것이 가장 중요했다. 한 지역에서 뿌리를 내리고 건축가로서 우리만의 이야기를 펼쳐나가고 싶었다. 이왕이면 오래된 저층 주거지였으면 좋겠다는 생각을 했다. 성북동이나 충신동도 돌아다녔는데 우연히 지인의 페이스북에서 후암동을 발견했다. '이런 동네가 아직 남아 있네'라고 생각했던 것 같다. 보자마자 답사를 했고 직관적으로 여기다 싶었다.

남다름

건축학도에게 후암동은 다양한 형태의 주택이 남아 있는 매력적인 동네다. 일제강점기에 지어진 목조 가옥부터 해방 이후 콘크리트 건물, 최근의 다세대 주택까지, 우리나라 근현대 60여 년 동안 나타났던 거의 모든 가옥 형태가 혼재되어 있다. 남산 중턱 구릉지에 자리 잡은 지형도 마음에 들었다. 경사가 있다 보니 살기에는 불편한 점도 있지만 덕분에 후암동만의 독특한 풍경이 만들어졌다. 높은 집에서 보이는 낮은 집들의 모습, 낮은 집에서 보이는 높은 집들의 모습은 평지에서는 만나기 어려운 매력이다.

오래된 것과 쇠퇴한 것은 다르다

흔히 후암동에서 건축 작업을 한다고 하면 도시 재생을 떠올리는 사람들이 많다. 도시 재생은 쇠퇴하거나 활력이 떨어진 지역에 생기를 불어넣는 작업이다. 하지만 후암동은 절대 쇠퇴한 지역이 아니다. 건축물이 오래된 것과 쇠퇴한 것은 다르다. 후암동은 재생이 필요한 공간이 아니다.

동네 기록

가장 처음에 했던 일이 동네를 기록하는 일이었다. 일단 후암동의 다양한 집의 형태가 궁금했다. 그리고 그 안에 사는 사람들의 이야기가 궁금했다. 동네를 돌아다니며 기록할 가치가 있는 집을 가가호호 방문해 사진을 찍고 이야기를 들었다. 이런 작업들을 하며 후암동에 대해 더 많이 알게 됐다. 기록을 전시할 수 있는 공간도 만들어 동네 사람들이 드나들 수 있도록 했다. 후암가록이다. 이곳은 무인으로 운영된다. 카메라만 설치했다. 사무실과 가까워서 문제가 생기면 바로 대처할 수 있다. 동네 사람이든, 외부인이든 후암동이 궁금한 사람들이라면 누구나 들어와 후암동의 기록을 살펴볼 수 있다. 집의 도면을 담은 엽서 등의 기념품도 판다.

비싼 땅값, 청년들이 사는 법

집이 아닌 마을로 나온 공간을 떠올렸다. 공유 공간이지만, 누군가와 함께 쓴다는 의미보다는 확장된 집의 의미를 더 중시했다. 서울처럼 지가가 높은 지역에서 청년 세대는 상대적으로 좁은 집에서 살수밖에 없다. 그리고 집이 작으니 필수적 기능인 잠을 자고 쉬는 것외에 다른 요구들은 쉽게 지워졌다. 집의 기능을 마을로 확장하고 싶었다. 그리고 필요할 때 빌려 쓸 수 있도록 했다. 주방도 마찬가지고, 서재와 거실 등 집의 기능을 하나씩 마을에 흩뿌려놓은 셈이다.

집 밖으로

공유 공간에 초점을 맞추고 싶진 않다. 사실 공유 공간이 중요한것이 아니라 후암동이라는 마을로 이런 공간들이 나왔다는 데 의미가 있다. 공유 공간이 중요했으면 후암주방 같은 형태를 동네마다 만들고 키웠을 것이다. 집 밖으로 나온 공간이라는 의미가 더 중요하다. 그래서 주방과 거실, 서재 등을 연달아 기획할 수 있었다.

생활까지 척박할 순 없다

프로젝트 후암의 중심에 후암주방이 있다. 주방을 열고 나서 보니 절대 수요가 존재했다. 꼭 필요한 공간이었다는 방증이다. 특히 젊은 세대들의 방문이 많다. 20대 초중반의 학생 혹은 직장인 들이

밥을 해먹으러 온다. 후암서재나 후암거실 등은 일부 카페가 해결해 줄 수 있는 기능을 담고 있지만 주방은 그렇지 않다.

카페보다 서재, 그리고 아지트

한 남성은 후암서재가 문을 연 이후 거의 60회 이상 예약해 사용하기도 했다. 주말이나 퇴근 시간 이후 본인의 업무를 위해 이곳을 찾는다. 커피 두세 잔 값인데, 방해받지 않고 일을 할 수 있어서 만족도가 높다. 아기 엄마들의 모임이 이루어지기도 한다. 아기와 동반하다 보니 카페는 다른 손님들에게 눈치가 보이고, 커피 외에 간단한 스낵도 즐길 수 있는 공간을 찾는다. 아지트처럼 사용되는 듯하다.

동네 영화관

여느 가정의 거실 풍경을 그대로 재현한 곳이 후암거실이다. 한국 주택의 거실에는 대부분 소파와 TV가 있기 마련이다. 길고 편안한 소파를 두고 앞에 TV를 배치했다. 주로 가벼운 모임이나 생일 파티가 이루어지고, 영화 감상이나 독서 토론 모임도 잦다. 지인들끼리 넷플릭스의 드라마를 보러 오기도 한다.

비대면 서비스

각 공간은 모두 상주하는 서비스 직원이 없이 비대면으로 운영된다. 인력 투입을 최소화하기 위해 처음부터 비대면으로 기획했다. 그런데 요즘 사람들은 비대면을 더 선호한다. 모든 예약은 온라인 혹은 전화로 하고, 완료가 되면 문자로 비밀번호가 안내된다. 사무실이 근처에 있으니 비상 상황에는 올 수 있지만 거의 모든 일은 유선으로 처리한다. 공간 효율성을 위해 도입한 방식인데 역으로 사람들이 부담 없이 이용할 수 있다며 더 좋아했다.

작지만 온전히 누릴 수 있는 공간

처음 문을 열고 들어섰을 때부터 아무도 없는 공간이기에, 비록 잠시 빌린 공간이지만 그 시간만큼은 오롯한 '나만의 공간'이라는 느낌을 줄 수 있다. 인테리어나 설비가 좋은 곳은 얼마든지 많다. 하지만 이런 대형 상업 공간에 갔을 때는 오히려 오롯이 내 공간이라는 느낌을 받기는 어려운 것 같다. 작지만 온전히 누릴 수 있는 공간이라는 점이 프로젝트 후암의 공간들이 제공하는 가장 큰 장점이다.

자연스러워서 오래 유지될 수 있는 공간

프로젝트 후암의 공간은 대부분 비어 있는 상가 건물을 활용했다. 처음부터 크고 번듯한 신축 건물보다는 작은 자투리 공간의 낡은 건물을 찾았다. 오래된 건물 특유의 자연스러움이 좋아 이를 살리고자 했다. 물론 임대료도 저렴해 효율적이었다. 간판도 튀지 않도록 신경 썼다. 공간이 튀지 않고 동네에 자연스레 녹아들었으면 했다. 예쁜 건물이 주목받을 수는 있지만 계속 유지되기는 쉽지 않다. 따뜻하고 자연스러워서 오래 유지될 수 있는 공간을 만들고 싶었다.

톤이 다운된 아늑한 공간

따뜻하고 아늑한 느낌을 내기 위해 목재를 많이 썼다. 우리의 취향일 수도 있고 의도일 수도 있는데, 약간 톤 다운된 어두운 공간이 주는 안정감이 있다. 목재도 약간 어두운 톤을 썼다. 요즘 인스타그램의 힙한 공간들은 모두 너무 밝다. 그래야 사진이 잘 나오기 때문인데, 우리 공간은 내 집 같은 편안한 느낌을 내려고 노력했다. 고가구나 오래된 서재, 책 냄새 같은 느낌을 살렸다.

소외된 수요

복지라고 하면 거창하다. 소외된 수요를 충족시킬 수 있는 공간이 하나쯤 있었으면 했다. 서울은 엄청나게 빠르게 변화하는 도시이면서도 다양함은 부족하다. 기존의 카페나 식당이 소비자들의 수요에 맞게 다양하게 진화하는 동안 또 다른 형태의 수요는 채워주지 못하고 있었던 것 같다. 적은 수요기 때문에 수익성은 대단하진 않다. 하지만 영리 기업에서 사업성이 좋지 않아 못하는 일들을 우리는 할 수 있다고 생각했다.

하고 싶은 일

주 수입원을 다른 설계나 기획에서 찾을 수 있다. 어느 정도의 수익이 나오는 수준에서 의미 있는 공간을 충분히 만들 수 있다고 생각했다. 사실 건축가는 클라이언트가 존재해야 살 수 있다. 누군가 일을 시키면 그때 일을 할 수 있는 사람들이다. 그런 일은 그런 일대로 하면서, 우리가 생각하고 기획한 일도 해보고 싶었다. 하고 싶은 일을 해보자. 프로젝트 후암은 그 재미로 하는 일이다.

수익성과 효율성

공유 주방의 시간당 이용료가 1만 2천 원에서 1만 5천 원 사이다. 하루 두 팀, 한 달 평균 50~55팀이 이용한다. 이 중 20퍼센트 정도가 동네 주민이다. 최근 들어서는 후암동의 매력이 알려지면서 동네 주민의 비율이 낮아지고 외부인들의 이용이 늘었다. 주방 하나만 보면 수익성이 낮지만, 한정된 지역 안에서 여러 개의 공간을 운영하다 보니 유지는 가능하다. 그리고 한 동네다 보니 관리하기도 용이하고, 청소도 쉽다.

외부 프로젝트

주로 공간 설계나 디자인에 참여한다. 소규모 리모델링부터 정부의 주민 공간 리모델링까지 다양하다. 마을 단위의 도시 재생 프로젝트 계획 수립에 참여하기도 한다.

서울의 공유 공간

다양한 공유 공간이 생겼으면 좋겠다. 복지 차원에서 만든 저렴한 형태의 공유 공간이든, 호화로운 공유 공간이든. 최근 공유 주방도 하나둘씩 생겨나고 있다. 저가부터 고가까지 다양성이 확보된 형태가 좋다고 생각한다. 선택할 수 있는 다양한 공간이 늘어나는 것은 소비자 입장에서 무조건 좋은 일이다. 선택지가 있는 것과 없는 것은 180도 다른 문제라고 생각한다.

지금 있는 공간들을 보다 의미 있게 연결하고 싶다

처음에 주방을 만들 때까지만 해도 월세를 낼 수 있을까 고민했다. 그때 목표이자 소원이 '월세만 내자'였다. 그런데 문을 열고 보니 예상을 뛰어넘는 수요가 있었다. 4년이라는 짧은 시간 동안 공간 다섯 개를 연달아 만들 수 있었는데, 이것도 예상보다 아주 빠른 속도다. 속도는 이제 더 이상 내지 않으려고 한다. 지금 있는 공간들을 보다 의미 있게 연결하는 일을 하고 싶다.

껍데기와 알맹이

공간을 만드는 것은 누구나 할 수 있지만 그 안의 콘텐츠는 다르다.

후암동의 공유 공간들이 좋아 보이는 것은 모두 이용자들이 만들어낸 가치 때문이다. 후암주방의 인스타그램 계정이 있는데, 이곳에는 주로 공간 사진보다는 방명록을 찍어 올린다. 하나둘씩 쌓이다 보니 후암주방을 거쳐간 수많은 이야기들이 하나의 맥락으로 연결되었다. 공간이나 요리가 중요한 것이 아니라 함께 보내는 시간이 중요하다는 생각이다. 공간은 껍데기고 알맹이는 이용자들이 채워주었다. 프로젝트 후암의 공간에는 모두 방명록이 있는데, 나중에 이 방명록만 모아서 전시를 해도 좋겠다는 생각을 했다.

다섯 번째 공간

후암주방의 뒷 건물에 붙은 공간을 임대해 후암별채를 만들었다. 혼자 조용히 들러 휴식하는 공간이다. 반나절 동안 반신욕도 하고 책도 보고 차도 한 잔 마시고. 직장인이 반차를 내고 여행을 가긴 힘들지만, 이곳에서는 잠시나마 여행이 가능하다. 도시인들의 충전 공간을 생각했다. 그래서 욕조를 놓는 공간에 특히 공을 들였다. 집에서 반신욕이 어려운 이들이 찾아도 좋겠다. 공간을 열고 보니 일상에 지쳐 있거나 전환이 필요한 시기에 주로 찾는 공간이 되었다. 별채의 방명록에는 회사를 그만두고 나서 앞으로의 일을 생각해보고 싶어 왔다는 사람, 육아에 지쳐 있었는데 남편이 예약해서 왔다는 아내의 사연 등이 씌어 있었다. 공통으로 위로의 공간인 듯싶다.

기획자에게 서울이란

기획자에게 천만 도시 서울은 다양한 수요와 가능성이 존재한다는 점에서 아주 풍족한 환경을 제공한다고 생각한다. 그만큼 문제가 산재해 있지만, 가능성도 열려 있어 다양한 기획이 가능하고, 좋은 것을 기획하면 이를 받아들여 적극적으로 이용할 수 있는 수요도 많다. 서울이라는 도시 자체가 기획자들에게는 굉장한 '이점'인 것 같다.

지속 가능성

프로젝트 후암의 공간들을 만들 때 가장 주의했던 것이 유행하는 공간을 만들지 말자는 것이었다. 요즘 흔히 힙하다는 공간의 수명이 너무 짧다. 유행은 지나고 나면 꺼지는데, 꺼질 때 문제가 반드시 생긴다. 아직 후암동은 젠트리피케이션을 우려할 만큼 떠오른 동네가 아니다. 하지만 만약 떴다가 꺼지는 시점이 온다 해도 유행이 지나간 자리를 누군가는 어루만져야 한다. 우리는 그때 더 많은 고민을 하면서 후암동에서 분투하고 있지 않을까 싶다.

별집공인중개사사무소

전명희

어디까지 편집할 수 있을까?

대학로 인근 좁다란 골목길을 따라 옹기종기 모여 있는 한옥 사이, 찾기 쉽지 않아 번지수를 대조해가며 몇 번을 왔다 갔다 헤매어도 기분 좋은 오래된 골목 안쪽, 간판 없는 공인중개사사무소가 있다. 현재 서울에서 가장 독특한 공인중개사무소 별집이다.

종로3가 오래된 연식의 작은 빌딩 맨 꼭대기 층에 자리했던 별집은 지난해 5월 명륜동 한옥 건물로 사무실을 옮겼다. 별집에는 부동산이라면 꼭 있을 법한 몇 가지 것이 없다. 일단 사무실 한쪽 벽면을 메운 동네 지도가 없다. 가격과 면적, 아파트 이름만 간단히 나열된 매물 안내도 붙어 있지 않다. 온라인을 중심으로 운영되는 부동산이기도 하지만, 취급하는 매물의 종류가 다르기 때문이다.

'○○평 매매 ○○억 원', '○○아파트 전세 ○○억 원' '원룸 보증금 1,000 / 월세 50' 흔히 부동산 매물을 소개하는 방식이다. 별집은 이런 설명 대신 '일상을 반려동물과 함께', '풍경과 어울리는 집', '머물수록 좋은 집', '햇살 가득한 집' 등으로 매물을 소개한다. 가격·면적·위치·구조 등 부동산의 가치를 가늠하는 정량적 정보가 익숙했던 사람들에게는 다소 낯선 방식이다. 별집은 면적과 가격 외에 부동산에 얽힌 감각적인 이야기를 정성껏 들려준다. 마치 여행지

의 숙소를 소개하듯, 이 집에 살면 어떤 삶을 살 수 있을지 상상하게 만든다.

부동산을 편집하다

별집공인중개사사무소는 한 지역에 뿌리를 내리고 그 지역의 매물을 모두 소개하는 일반적 부동산과 달리 중개사가 선택한 집만 골라 소개하는 '큐레이션' 부동산이다. 지역이 아닌 입주자의 취향과 라이프스타일에 기반한 중개 서비스를 제공, 이를 통해 집을 고르는 즐거움을 주고자 한다. 한국에서 부동산은 투자 가치와 직접적으로 연관된 매물로서 평가되는 경우가 많다. 그러다 보니 그 안에 사는 사람의 라이프스타일은 종종 무시되어 왔다.

사실 이런 부동산이 이제껏 왜 없었나 싶다. 부동산에 들어가면 일단 예산을 제시하고, 원하는 평수를 말한다. 그러면 보유한 매물이 기계적으로 쭉 나열된다. 정작 들어가 사는 집에 대한 구체적인 설명은 생략된다. 이 집에는 언제 햇볕이 가장 잘 드는지, 주변에 공원은 있는지, 창밖의 나무는 어디까지 닿아 있는지, 수납은 얼마나 짜임새 있게 되어 있는지, 1인 가구에 적당한지, 반려동물이 있는 가구에 적당한지, 이런 세세한 정보는 직접 집을 보고 의뢰인이 궁금하면 알려주는 식이다.

별집은 숫자로 표기되는 정보보다, 숫자로 표기될 수 없는 정보에 주목한다. 사실 숫자로 설명되는 정보는 필수적이지만 동시에 파악하기 쉬운 정보다. 또한 숫자는 명확하지만 가끔은 충분하지 못하다. 같은 면적이어도 수납의 짜임에 따라 면적이 다르게 느껴지고, 재택근무를 하는 사람에게는 역에서 몇 분이나 걸리는지보다 창밖 풍경이 더 중요하다. 별집은 집에 들어섰을 때 느껴지는 분위기나 주변 환경, 해당 집에 살면 어떤 느낌인지와 같은 생활의 모습을 전달하려 노력한다.

별집공인중개사사무소는 여러모로 일본의 'R부동산'을 떠올리게 한다. R부동산은 일본 도쿄를 중심으로 활동하는 온라인 부동산 편집숍이다. 신축, 역세권, 풀옵션이 아니라 빈티지(오래된 곳), 개조, 창고 느낌, 반려동물, 천장 높이 등 부동산을 발굴하는 새로운 가치 기준을 내세운 부동산 중개소다. 특히 기존 부동산 시장이 경시했던 '헌 물건'에 주목, 공간의 분위기와 정서를 부각해 주목받았다.

새로움을 시작하다

전명희 대표는 본래 건축학도였다. 스스로 말하길, 설계에는 재능이 없지만 건축이 좋아 대학원에서 건설 경영 관리 분야를 공부했다고 한다. 서울 공덕동 도시 재생 프로젝트에 참여했다가 운명처럼 R부동산을 만났다. 전명희 대표는 R부동산의 사례를 접하고 비슷한 형태의 중개소를 꿈꿨다고 한다. 헌 집이지만 개성 있는 매물을 찾아 중개하거나, 오래된 집을 개보수해 중개하는 전문 부동산을 해보고 싶었다. 도쿄로 직접 찾아가 R부동산의 하야시 아쓰미(林厚見) 대표를 만나 조언을 구했다. 일단 자격증을 따고 부동산 업계에 들어가 일해보라는 말에 그길로 약 10개월을 공부해 공인중개사 자격증을 땄다. 그 후 서울 잠실의 한 부동산에 취직해 2년간 일했다. 상상을 초월할 정도로 치열한 부동산 업계에서 겪은 입맛 쓴 경험은 좋은 공부가 됐다.

실제 부동산 현장에서 느낀 현실은 예상보다 더 엄혹했다. 하루에도 100개씩 허위 매물을 올리고 중개사끼리 가짜 손님을 보내 물건을 빼오는 등의 웃지 못할 행태가 벌어졌다. 무엇보다 아파트 위주로 빠르게 돌아가는 시장이다 보니 집을 바라보는 시각 자체가 달라 괴리감이 컸다. 그럴

수록 투자 목적이 아니라 실제 그 집에 들어가 살 사람들을 만나 좋은 집을 소개하고 싶다는 생각이 더 강해졌다. 무엇보다 정보의 비대칭을 해소하고 싶었다. 예를 들어 포털 사이트의 부동산 탭에 들어가보면 올라오는 내용은 매물의 특징을 전혀 반영하지 못하고 있었다. 비슷한 아파트라고 해도 그 집만의 분위기와 특성이 있는데, 이런 정보는 소개되지 않는다. 그래서 결심했다. 보다 다양한 시각에서 매물을 자세히 소개하는 사이트를 만들고, 그 사이트를 보고 예약을 잡고 찾아온 고객에게 맞춤한 매물을 중개하는 부동산을 만들어보자고.

이 집에 살면 어떤 경험을 할 수 있을까?

별집은 전명희 대표의 이런 고민이 고스란히 녹아 있는 부동산 플랫폼이다. 무엇보다 별집은 해당 집에서 살면 어떤 '경험'을 할 수 있는지를 중요하게 다룬다. 내가 산 집이든, 내가 빌린 집이든 그곳에서 어떤 기억을 만들게 될지, 어떤 즐거움을 발견하게 될지를 우선 고려한다. 그러다 보니 기존 부동산 시장의 절대다수를 차지하는 아파트가 아닌, 건축가가 설계하고 지은 주택이나 건물을 위주로 소개한다. 전명희 대표가 생각하는 좋은 집의 조건과도 맞아떨어졌다. 아무래도 건축가가 지은 집은 거주자의 라이프스타일을 세심하게 배려한 집일 확률이 높기 때문이다.

또한 별집은 단열이나 방음, 설비 등 집의 품질을 기본으로 보되, 이왕이면 거주자의 성향에 맞는 집을 소개하려고 노력한다. 한 예로 지난해 중개한 경기도 이천의 한옥은 제대로 된 한옥을 아주 오랫동안 찾고 있었던 매수자와, 기존 한옥에 현대적 변형을 가하지 않았으면 했던 매도자가 잘 만난 사례다. 한옥 그대로의 아름다움을 보존하고 싶어하는 매수자를 위해 매도자는 장독대나 디딤석 등 그 집에 있어서 더 빛이 나는 기물들을 그대로 두고 나갔다. 집의 수명을 늘리는 부동산 중개다.

서울 홍제동에 위치한 '율하우스'는 건축주가 본인 건물에 사무실을 두고, 한 세대를 임대 주는 건이었다. 디자인 분야에 종사하는 임차인을 위해 설계를 변경하고, 욕조를 넣고, 수납 공간을 변형하는 등 서로 배려하며 공간을 함께 만들어간 사례다.

광각 렌즈는 사용하지 않는다

어느 부동산이나 마찬가지지만 좋은 매물 확보가 경쟁력이다. 전명희 대표는 주로 건축가들이 요즘 어떤 작업을 하고 있는지 건축사 홈페이지를 돌며 일일이 조사한다. 멋진 주택 건물을 SNS에서 보고 주변 상가 이름을 검색해 소유자를 수소문하기도 한다. 이렇게 발견한 보석 같은 매물을 직접 방문해 철저히 사용자의 입장에서 소개한다. 이해하기 어려운 전문 용어나 복잡한 도면을 우선하기보다 집을 자세히 살펴야 알 수 있는 숨겨진 매력이나 즐거움을 포착해 딱딱하지 않게 소개하는 것이 요령이다. 물론 이 과정에서 단점도 가감 없이, 하지만 완곡하게 전달한다. 구조가 특이해 불편할 수 있는 집을 두고 '공간 경험을 풍부하게 할 수 있는 낯선 구조를 두려워하지 말라'는 식이다. 매물 사진을 찍을 때는 왜곡이 있을 수 있는 광각 렌즈를 사용하지 않는다.

이런 별집에 가장 긍정적인 반응을 보내는 이들은 역시 25~35세 사이의 1인 혹은 2인 가구다. 신혼부부도 많다. 건축 업계나 디자인 업계 등 특정 직군 종사자들이 많을 것 같지만 꼭 그렇지도 않다. 의외로 일반 직장인이 많이 찾고, 여성뿐만 아니라 남성들도 많다. 별집 웹사이트를 통해 방문 예약을 해 집을 보러 오는 사람들은 무엇보다 다양성에 감탄한다. 아무래도 일반 아파트와 달리 건축가가 설계한 집이다 보니 같은 집이어도 층이나 향에 따라 모두 다른 형태이기 때문이다. 누적 중개 사례는 100여 건에 이른다. 현재 건축가가 설계해 지은 주거·업무·상업 공간, 오래됐지만 스토리가 있는 매물, 구옥 리노베이션 매물도 함께 중개하고 있다. '플랫폼'으로 확장할 계획도 세우고 있다. 최종적으로는 집과 관련된 사람들이 모이는 하나의 거점이 되길 희망한다. '좋은 집'을 꿈꾸는 사람이면 누구나 부담 없이 들러 집에 대한 생각을 나눌 수 있는 곳. 별집이 꿈꾸는 미래다.

story
&
insight

공간에 대한 다양한 경험을 할 수 있다면

한국에서 건축을 공부한 학생으로서 항상 불만이 많았다. 건축학에 대한 사회적 인식이 아쉽다. 쉽게 말해 안 알아준다. 아마도 공간에 대한 다양한 경험을 해보지 못해서 그렇지 않을까 싶다. 비슷한 모양의 아파트 혹은 빌라에 거주하고, 거실에는 소파와 TV를 두고 사는 모습 말이다. 공간을 다양하게 경험하면 건축 문화에 대한 이해도 넓을 것 같다.

'집'부터 달라져야 한다

공간을 다양하게 경험해야 한다면 '집'부터 달라져야 한다고 생각했다. 24평, 34평의 판상형 아파트가 아니라 다양한 집의 모습을 보여주고 싶었다. 그러다 보니 건축가가 설계한 집으로 범위가 좁혀졌다. 대량 공급이 아니라 사용자 중심으로 설계한 집을 통해 새로운 공간 경험을 전하고 싶었다. 처음에는 매매보다는 임대 위주, 신축 위주로 매물을 소개했다. 앞으로는 매매나 고쳐 사용할 수 있는 집, 구축이어도 구조가 독특한 집 등을 포함해 취급하는 매물 카테고리를 늘릴 예정이다. 도쿄 R부동산처럼 말이다.

도쿄R부동산

학부에서 건축학을 전공했는데, 설계에는 재능이 없음을 깨달았다. 그렇지만 건축은 좋았다. 컨스트럭션 매니지먼트(건설 경영 관리) 부문으로 전공을 정해 대학원에 진학했다. 건물을 효율적으로 적절한 금액에 짓도록 관리하는 분야다. 보통은 졸업 후 시공회사에 취업을 하는데 나는 특이하게도 도시 재생 프로젝트에 합류했다. 공덕동 경의선 유휴부지에 주민을 위한 상설 마켓을 만드는 프로젝트였다. 그때 공교롭게도 도쿄R부동산이 간담회를 열었고, R부동산의 사례를 알게 된 후 정말 매력적이라고 생각했다. 2014년 1월에 하야시 아쓰미 대표를 만나러 도쿄에 갔다. 한국의 R부동산을 만들고 싶다고 했더니, 일단 중개사 자격증을 따고 이 분야에서 몇 년 일해보라는 조언을 해주었다.

집을 고르는 즐거움

조금 다르게 해보자는 생각에 같이할 파트너를 찾았고, 약 1년간은 파트너와 함께 '홈쇼핑'이라는 이름으로 서울 만리동에 사무실을 내 운영했다. 집을 고르는 즐거움을 주겠다는 생각으로 정한 이름이다. 파트너는 따로 운영 중인 회사가 있어 본업에 더 집중해야 했다. 그래서 별집으로 독립해 1인 회사를 시작하게 됐다. 당시에는 어느 문중 소유의 오래된 건물 1층 사무실을 쓰고 있었는데, 지나가던 사람들이 들어와서 아파트 매물이 있는지를 물어보는 경우가 많았다. 로컬 부동산이 아닌데 동네 매물을 찾거나 내놓는 워킹 손님이 오면 별집의 취지를 설명하고 다른 부동산으로 안내했다. 이후 종로의 작은 건물 맨 위층 사무실에 둥지를 틀고 이름을 '별집'으로 바꿨다. 엘리베이터도 없는 5층 건물의 맨 꼭대기 층이 지금 생각해도 '별집'다웠다고 생각한다. 사실 한 지역의 부동산만을 소개하지 않으니, 대부분 온라인에서 매물 소개와 예약이 이루어지고, 손님과는 매물이 있는 지역에서 만난다. 사무실이 그다지 필요 없다. 그러다 지금의 명륜동 한옥으로 자리를 옮기게 되었다.

매물이 경쟁력

부동산 중개소의 경쟁력은 누가 뭐래도 매물이다. 건축가가 설계한 주택의 임대 물건을 중개하겠다고 범위를 좁히고 건축가들이 요즘 어떤 작품을 하고 있는지 조사해서 항상 업데이트를 했다. 매물 확보에는 아주 다양한 방식이 사용된다. 건축회사의 홈페이지나 SNS를 체크하는데, 주소를 올리지 않는 경우가 많아 어떤 때는 건물

주변 가게들의 간판을 추적해 등기부등본을 떼보기도 한다. 소유자에게 우편물을 발송해 이런 부동산 중개소인데 임대 매물을 중개하고 싶다고 소개하면서 일이 진행된다. 요즘에는 다세대 주택도 예전처럼 동네 집장사에게 맡기지 않고 건축가에게 의뢰해 짓는 경우가 많다. 다 지어질 때쯤 동네 부동산 중개소에 내놓는데, 이런 물건을 많이 확보하는 것이 관건이다. 한 번 정성스럽게 중개를 하면 건축가나 건축주가 계속 기회를 준다. 하나씩 성실하게 해가려고 한다.

최근에는 별집이 알려지면서 건축주 분들이 먼저 제안을 주는 빈도가 늘고 있다. 한 번 인연을 맺은 건축가 분들이 꼬리를 물 듯 소개를 해주기도 한다. 일을 할수록 매물의 수는 크게 중요하지 않다고 느낀다. 일단 모든 계약을 대표가 해야 하는 일의 특성상 물리적으로도 많은 매물을 감당하기는 불가능하다. 그보다 좋은 매물을 필요한 사람에게 소개하는 데 집중하고 싶다.

다른 무엇보다 집이 더 중요한 사람들이 있다

매물이 서울 사방에 흩어져 있을 때도 있다. 한 동네에서 여러 물건을 보여줄 수 있으면 좋은데 아직은 매물이 많지 않다 보니 어렵다. 대신 회사와 대중교통으로 40분 정도의 매물이라면 별집 고객 분들은 기꺼이 찾아주신다. 요즘에는 재택근무도 많아서 집과 회사의 거리가 그다지 중요하지 않은 것 같다. 여타 조건보다 집 자체가 더 중요한 사람들이 별집을 찾는다. 인스타그램을 팔로우하는 분들은 에디터나, 디자인 종사자가 많은데, 의외로 집을 보러 오는 사람들 중에는 일반 직장인 분들도 많다. 물론 사진작가나 셰프, 외국인 교환학생 등 다양한 편이긴 하다.

기억에 남는 사례

서울 동숭동에 있는 '조은 사랑채'라는 집을 건축 관련 일을 하는 한 고객에게 소개해드렸는데, 계약하는 날 물어보니 사랑채에 들어가기 전 몇 달을 노마드처럼 옮겨 다니면서 여러 집에서 살았다고 했다. 한옥부터 복층 오피스텔, 협소주택까지 에어비앤비를 활용해 다녔고. 그 끝에 당도한 집이 내가 중개한 집이라는 점에 뿌듯했다.

집에 대한 관심을 환기하기

별집(홈쇼핑)을 친절하게 소개하는 책자가 있었으면 좋겠다고 생각해 만화로 가볍게 풀어보기로 했다. 기획하고 콘티를 짜서 그림 작가와 함께 만들어 인쇄했다. 제목은 '나는 내가 살고 싶은 집에서 살기로 했다'다. 혹시나 하는 마음으로 텀블벅에 올렸는데 그래도 여든분 정도가 펀딩을 해줘서 인쇄 비용을 감당했다. 집에 관심 있는 분들의 호응이 좋았다. 목표치의 200퍼센트 달성이라 적은 숫자지만기뻤다. 언젠가는 '넷플연가'라는 소셜 살롱에서 집에 관한 이야기

아니, 그보다 살고싶은 집이 어떨더라?

나는 석달 뒤 어디에 살고 있으려나.

지금 사는 집은 북서향 연립의 반지하. 앞에서 보면 평범한 1층처럼 보이지만 집 뒤 쪽은 일부가 땅에 묻혀있다.

좋아하는 화분을 키우기에는 여건이 좋지않다.

애들아 잘지냈니?

그래서 이사 가면, 식물을 더 많이 키우고싶어.

채광!
통풍!
허브!
토마토!

그리고 이제 편집일, 집에서 하게 되었으니까 작업 공간도 제대로 두고싶고.

"역세권 도보 10분" 이런 것보다 난 집 자체가 중요한데 말이지.

이제 열심히 찾아봐야 하는데.

그래도 부동산은 갈 때마다 어려워.

식물??

아유~ 주인 집에서는 그런 거 싫어하지~

그런가요

적당히 키우면 좋지만~ 근데, 벌레 생기고 말야. 깨끗하게 쓰는 게 제일이거든요.

그저 볕 잘들고 바람 잘 통하는 ......

다들 그런 집을 원하죠. 근데, 예산은 얼마나 생각하세요?

아 ......

그러니까~

그랬었지

이러니 저러니 해도 빨리 찾아보긴 해야~

6

7

를 하는 모임의 장을 맡기도 했다. 집과 관련된 드라마나 영화를 보고 집에 대한 이야기를 나누는 식이었다. 예를 들어 일본 드라마 〈기치조지만이 살고 싶은 거리입니까〉를 보고 서울의 살고 싶은 동네에 대한 이야기를 해보는 식이었다.

반짝반짝

최근 계획하는 프로젝트도 있다. 요즘 근린생활시설의 의뢰가 늘어났다. 근생 건물의 경우 주로 사무실이나 상가 용도로 임대를 주는데, 한번 계약하면 보통 오래 쓰기 때문에 들고 나기가 쉽지 않다. 신축 후 잠시 비어 있는 공간을 대관(대여)하면 어떨까 고민 중이다. 하루 단위로 렌탈 스튜디오처럼 활용해도 좋을 것 같다. 공실인 공간이 정식 임대가 되기 전까지 대관하여 조금이라도 수익을 발생시키고, 공간 활용 포트폴리오를 만들어보자는 취지다. 수익성 면에서도 좋지만, 건물 공간을 다양한 쓰임새로 보여줄 수 있을 것 같다. 건물의 가치를 올릴 수 있는 방식이기도 하다.

반갑다, 취향!

사람들이 조금씩 공간에 관심을 갖는 것 같다. 무엇보다 자신의 취향대로 공간을 꾸미고자 하는 욕구가 굉장히 커졌다. 예를 들어 모든 것이 갖춰진 것을 좋아하는 사람도 있지만, 반대로 자기가 꾸밀 수 있는 여지가 있는 집을 원하는 사람도 있다.

집을 투자 목적으로 생각하는 사람들을 설득할 필요는 없다

사실 집을 투자 목적으로 생각하는 사람들이 훨씬 많다. 하지만 조금씩 수요가 늘고 있다고 생각한다. 매력적인 매물만 큐레이션해서 올리는 부동산이 생겨서 좋다는 피드백도 많다. 별개의 그룹이라고 생각한다. 굳이 집을 투자 목적으로 생각하는 사람들을 설득할 필요는 없다고 생각한다. 그렇지 않은 그룹을 대상으로 매물을 소개하고 싶다. 사업성 면에서도 충분하다고 생각한다. 서울의 인구 중 단 1퍼센트만 이런 생각을 해도 고객 풀은 넓다. 오히려 매물이 부족하다.

플랫폼

별집이 집과 관련된 사람들의 거점 공간이 되었으면 좋겠다. 내가 설계한 '좋은 집'을 소개하고 싶은 건축가, '좋은 집'을 설계한 건축가를 찾고 있는 예비 건축주, '좋은 집'을 갖고 있는 임대인, 다양한 주거 공간을 둘러보고 '좋은 집'을 빌리고자 하는 임차인, '좋은 집'을 꾸미고 싶은 디자이너 등이 서로 연결되고, 소통할 수 있는 장을 구축하고 싶다.

내가 살고 싶은 집

고(故) 정기용 건축가의 말을 인용하고 싶다. "우리 삶에는 유년 시절을 보낸 기억의 집, 현재 살고 있는 집, 살아 보고 싶은 꿈속의 집이 있다. 이 세 가지가 하나 된 집에 사는 사람은 인간으로서 행복한 사람이다." 다양한 공간의 경험이 우리 삶의 폭과 깊이를 확장시킨다고 믿는다. 모든 사람이 잠재되어 있는 자신의 감각들을 일깨우는 즐거운 공간을 만나기를 희망한다.

레몬서울

김보라 & 윤종후

내가 좋아한 것들 속으로

서울 종로구 안국역 인근, 연식이 꽤 오래된 대형 빌딩의 엘리베이터를 타고 올라가면 복도를 따라 사무실 문이 즐비하다. 그 평범한 문들 사이, '레몬서울'이라는 작지만 비범한 글귀가 쓰인 문 하나를 열어본다. 보드라운 카펫을 가만히 밟으며 들어간 공간은 온통 오래된 음악으로 가득 차 있다.

약 50제곱미터(약 15평) 남짓의 공간에 안착해 실내를 둘러보면 마치 타임머신을 타고 30여 년 전으로 돌아간 듯한 착각이 인다. 1990년대에 학창시절을 보냈다면 책상 서랍 속에 하나씩 가지고 있었을 법한 카세트 플레이어만 수십 개. 내쇼날(national), 아이와(awia), 소니(sony) 등 당시를 풍미했던 전자회사의 이름들. 그 옛날 부잣집 거실이면 으레 떡하니 한자리를 차지하고 있었던 전축과 턴테이블도 빼곡하다. 어느새 기억에서 잊힌 뚱뚱한 모양의 브라운관 TV부터 투명한 파란색 날개가 인상적인 자그마한 선풍기, 영화 〈건축학개론〉에서 주인공 서연(수지)이 듣던 CD 플레이어까지.

어떻게 좋아하는 게 일이 되었을까?

레몬서울은 1960년대부터 2000년대까지 생산되고 판매된 음향 가전들을 취급하는 레트로 가젯(retro gadget, 복고 스타일의 제품) 숍이다. 골동품도 아니고, 역사적 가치가 있는 귀한 물건도 아니지만, 그곳에 있는 물건들은 하나같이 누군가에게는 추억의 한 페이지를 펼쳐준다.

레몬서울은 김보라와 윤종후 두 공동 대표가 운영한다. 음악에 관심이 많은 윤종후 대표와 디자인에 관심이 많은 김보라 대표는 부부다. 각각 국내 패션회사에서 디자이너와 비주얼 머천다이저(VMD)로 일하다 독립해 을지로에서 개인 패션 브랜드를 운영했다. 두 사람은 2019년 즈음 1~2년만 쉬어보자는 생각에 13년간 지속해왔던 패션 일을 잠시 멈추고 좋아하는 일에 몰두하기 시작했다.

디자인이 예쁜 오래된 음향 가전. 두 사람이 좋아하는 물건의 공통점이다. 패션 회사에 다니면서 해외 출장을 가거나, 여행을 가면 꼭 그 지역의 빈티지 숍에 들렀다. 옛 향수를 불러일으키는 친근한 제품이면서 디자인이 예쁜 전자 음향 기기를 발굴하기 위해서다. 도쿄의 아키하바라 같은 전자 기기 상가는 물론, 베를린의 체리티 숍(charity shop) 등을 탐험하면서 좋아하는 물건들을 데려왔다. 유럽이나 일본의 소도시 혹은 시골 마을의 잡화점 같은 곳에서 '득템'을 많이 했다고 한다. 나이 지긋한 주인장이 손님을 맞는

잡화점에서 먼지 쌓인 '멋진 물건'을 만날 확률이 높았다. 그렇게 모으다 보니 어느새 다 세지도 못할 만큼 물건들이 쌓였다. 최소한으로 어림잡아도 300~400점 정도다.

쉬면서 가장 먼저 한 일이 이렇게 쌓여 있는 제품들을 '아카이빙(archiving, 특정 기간 동안 필요한 기록을 파일로 저장 매체에 보관해두는 일)' 하는 작업이었다. 하나하나 모두 예쁘고 귀한 물건인데 박스도 뜯지 못한 채 먼지만 쌓여가는 것이 안타까웠다. 인스타그램에 계정을 만들고 수집했던 물건들을 하나씩 올리기 시작했다. 계정의 이름은 레몬서울. 샛노란 색의 상큼한 레몬은 세련된 느낌을 주지만 불량품이라는 뜻도 가지고 있다. 최신식이 아니면 가치를 쳐주지 않는 가전의 세계에서 도태된 제품들이기에 누군가에게는 레몬처럼 불량품일 수도, 누군가에게는 레몬처럼 일상을 깨우는 상큼한 물건일 수도 있기 때문이었다.

반응은 뜨거웠다. 그저 오래된 가전을 올렸을 뿐인데도 방문자가 늘고 문의가 쇄도했다. 제품을 어떻게 구할 수 있는지, 판매하는 것인지 묻는 경우가 많았다. 예상치 못한 반응에 아카이브를 만들려던 계획이 수정됐다. 우리가 사용할 수 없을 바에야 정말 필요한 사람들에게 팔자. 취미가 일이 된 순간이다. 직접 보고 싶다는 요청에 예약제로 둘러보고

구매도 할 수 있는 레트로 가젯 숍을 그렇게 강제 오픈하게
되었다.

묵직한 내공과 얼음 같은 기준

레몬서울의 아카이브는 단지 '취미'라고 부르기에는 만
만치 않은 내공을 자랑한다. 카세트테이프부터 선풍기는 물
론 1980년대에 만들어진 가정용 로봇도 있다. 카세트 재
생 기능을 탑재한 무릎 높이의 자그마한 움직이는 로봇이
다. 음악을 재생하면 불빛을 쏘며 동그란 머리 부분이 돌아
간다. 우주복의 머리만 똑 따다가 놓은 것 같은 '리플렉터
(reflector)'도 있다. 화면을 재생하는 영상 기기로 과거에 주
로 과학 시간에 쓰였던 물건이다. 지금은 개조해 USB 같은
저장 장치 안에 들어 있는 영상 데이터를 재생할 수 있도록
만들었다. 과거 시장 상인들이 가판대에서 보곤 했던 휴대
용 TV도 있다. 내쇼날이 파나소닉에 합병되기 전, 내쇼날의
이름으로 출시된 제품이다.

카세트테이프 플레이어부터 선풍기까지, 중구난방인 것
같지만 두 사람이 모아온 레트로 가전은 몇 가지 기준에 부
합한다. 첫째, 시대를 뛰어넘어 디자인적으로 소장 가치가

있어야 한다. 둘째, 기능적으로도 흥미로워야 한다. 예를 들어 로봇인데 카세트 재생이 된다든지, 더블 데크의 붐박스 (boom box)가 일반적인데 특이하게 트리플 데크(세 개의 테이프를 꽂는) 붐박스라든지 말이다. 셋째, 현재는 단종되어 구할 수 없는 제품이면서 실제로 작동이 되는 가전이다.

레몬서울에서 취급하는 가전은 오래됐지만 모두 지금도 사용할 수 있도록 수리된 제품들이다. 관상용이 아니란 얘기다. 수리가 요원한 제품은 아무리 디자인이 예뻐도 데려오지 않는다. 레몬서울 한쪽에는 간단한 수리 및 건전지 교체를 할 수 있는 공간이 마련되어 있다. 복잡한 기기야 전문가를 찾아가지만, 워낙 오랫동안 수집하다 보니 간단한 수리는 직접 한다.

한 시대의 매력을 플레이하다

레몬서울에 전시된 레트로 가젯들을 보면 새삼 '옛날 디자인이 이렇게 좋았나' 하는 감탄이 인다. 요즘 출시되는 전자 기기보다 세련됐다는 느낌이 들 정도다. 〈스페이스 오디세이〉 같은 고전 SF 영화에 등장할 법한 로봇이나 리플렉터에는 그 시절만의 디자인 감수성이 생생하다. 윤종후 대표는 특히 '스페이스 에이지(space age)'라고 불리는 1960년대 후반에서 1970년대 중반까지 성행했던 디자인 양식에 관심이 많다. 인간이 달에 착륙하는 역사적 사건에 영감을 받아 우주적 감성을 지닌 디자인이 쏟아져 나왔던 시기였다. 김보라 대표는 당시 쓰였던 컬러 배합에 조예가 깊다. 당시 위세를 떨쳤던 전자 회사 '소니'에서 출시한 키즈 라인의 카세트 플레이어만 봐도 지금은 잘 찾아보기 힘든 원색의 조합이 무척 인상적이다. 노란색과 파란색, 붉은색이 알록달록한 조합에는 그 시절만의 위트가 담겨 있다.

국적을 따져보자면 아무래도 1970년대 전자 강국이었던 일본 생산 제품들이 많다. 소니, 산요(sanyo), 내쇼날, 카시오(casio) 등의 제품들이다. 일본에서 온 물건이 약 70퍼센트, 미국과 유럽 물건이 30퍼센트 정도다. 특히 일명 '쇼와 레트로'라고 불리는 일본 쇼와 시대의 전자 기기가 대부분이다. 1920년대부터 1980년대에 걸친 이 시기는 일본 경제의 황금기, 즉 버블 시대로 불리기도 한다. 당시 전자 기기의 디자인적 특징에는 이런 시대적 배경도 한몫하고 있다. 자본이 넉넉한 경제 호황기에 선보인 디자인으로 완성도가 높은 데다 무엇보다 상상력이 번뜩인다. 지금은 효율적으로 팔릴 것만 만드는 시대라면 당시에는 안 팔려도 일단 만들어보고, 하고 싶은 것을 다 해보자는 식으로 발상이 뛰어난 제품들이 많이 출시되었다. 획일적이지 않고 다양한 당시 디자인은 지금 봐도 놀랍다. 1980년대 출시된 '옴니봇'은 당시의 경제적 여유와 창조적 발상의 산물이다. 무려 움직이는 로봇이지만, 카세트테이프를 넣으면 음악이 나오고 불빛이 나오는 것이 기능의 전부다. 아무래도 싱겁다. 하지만 이런 대책 없이 과한 디자인이 이 시대만의 매력이다.

개인의 취향이 많은 사람들에게 통하는 이유

2019년 오픈한 레몬서울은 20대 초반부터 50대까지 다양한 연령대의 사람들이 찾는다. 개인의 취향이 담긴 공간인데도 많은 사람들에게 통하는 이유가 있다. 최근 라이프스타일 업계에 거세게 불어닥친 레트로 열풍의 영향이 크다. '뉴트로'라는 신조어가 생겨날 만큼 오래된 것, 낡은 것에 대한 향수는 대중의 정서가 됐다. 10대와 20대는 태어나기도 전에 출시된 신기한 물건이라서, 30대 후반부터 50대는 실제로 써보았던 추억의 물건들이라 주목한다. 물론 거스를 수 없는 디지털의 파고 속에서 여전히 아날로그를 찾는 이들의 감성이 주효했다. 음악을 한 곡 들어도 터치

스크린이 아니라 버튼을 눌러 조작하고, 판을 뒤집고, 테이프를 넣었다 뺐다 하는 식의 귀찮음을 기꺼이 즐긴다. 효율적이고 빠른 시대에, 속도를 조절하고 싶은 이들의 감성에 응답한 결과다. 옆집 친구네 대문을 열고 들어가 작은 방 안에서 함께 들었던 음악들, 그 다정한 기억이 레몬서울에서 재생되고 있다.

호젓하게, 한가하게, 호사스럽게

출장 가서 소소하게 모아왔던 예쁜 것들이 너무 방대해졌다. 한국에서, 특히 서울에서도 우리가 좋아하는 오래된 음향 가전을 부담 없이 경험할 수 있는 공간이 있었으면 했다. 2019년 7월, 원래 운영하던 의류 브랜드 사무실에 레몬서울을 오픈했다. 동네는 을지로였는데 약 1년 정도 운영하다가 지금의 안국역 근처로 옮겼다. 임대했던 건물이 매각된 탓도 있었지만 언제부턴가 을지로가 지나치게 힙해지더라. 오래오래 브랜드의 색을 유지하고 싶었다. 무엇보다 호젓하게 음악을 즐길 수 있는 공간이 됐으면 해서 좀 한가한 동네를 찾았다. 안국역 근처, 지금의 레몬서울이 위치한 가든타워 빌딩은 오래됐지만 나름의 정취가 있는 곳이다. 원래 주거용 아파트로 쓰이던 건물이라 바닥이 카펫인 점이 마음에 들었다. 그리고 문을 열고 들어가면 누군가의 사적인 공간에 들어선 듯한 분위기가 있다. 게다가 환상적인 창덕궁 뷰다. 서울 한복판이면서 창문에 하늘과 나무가 보이고,

무엇보다 궁이 보이는 이곳을 발견하고 딱이다 싶었다. 가장 큰 창 아래 청음 공간을 두었다. 숲을 보면서 음악을 들을 수 있다. 사계절이 바뀌는 모습을 보고 있으면 행복하다.

아카이브, 아카이빙, 아카이브드

모 패션 대기업에서 8년 정도 일했고, 5년 정도는 개인 브랜드를 운영했다. 13년 정도 일하면서 거의 쉬지를 못해서 1~2년 정도만이라도 일을 하지 않고 쉬면 좋겠다는 생각을 했다. 을지로에서 개인 브랜드를 운영할 때에도 사무실에 좋아하는 것을 전시했다. 워낙 레트로풍 음향기기를 좋아해서 당시 패션 화보를 촬영할 때도 소품으로 자주 활용했다. 인스타그램 계정을 만들어서 아카이브 형식으로 한두 개씩 올렸는데 다들 너무 좋아했다. 반응이 예상보다 뜨거웠다.

시간으로의 여행

남편 윤종후 대표가 레몬서울이 취급하는 레트로 가젯 쪽에서 나보다 '덕력'이 세다. 특히 스페이스 에이지 시대의 모든 것을 사랑한다. 게임도 좋아하고 로봇이나 우주선, 외계인 같은 것에 관심이 많다. 모으다 보니 '쇼와 레트로'라 불리는 일본 버블 경제 시대의 디자인이 많았다. 워낙 경제적으로 흥청망청한 시대였던지라 기상천외

한 디자인의 제품들이 많이 나왔다. 인간이 달에 착륙하는 거대한 인식의 변화가 있었던 시대기도 하고. 그 시대만의 매력이 분명 있는 것 같다. 30년 전에 만들어진 물건인데도 지금보다 디자인 퀄리티가 좋은 제품이 많다. 1970년대와 1980년대에 그런 제품들이 특히 많다. 경제가 호황이면서 디자인도 호황이던 시대다. 기능을 붙이고 디자인을 화려하게 해서 높은 가격대로 출시해도 팔렸다. 디자인 상상력 자체가 지금과는 출발점이 다른 느낌이다. '하고 싶으면 다 만들어봐' 이런 기세다. 그러다 보니 재미있는 상품이 많아 수집하는 재미가 있다.

소도시와 시골의 작은 잡화점

코로나19 때문에 못 나가지만 주로 해외에서 발견해 데려온다. 한국의 경우 동묘 시장 같은데 가면 이런 레트로 전자 기기들을 종종 볼 수 있는데, 손상이 심하거나 작동이 안 되는 경우가 많아서 잘 가지 않는다. 도쿄의 아키하바라 같은 전자 상가보다는 소도시나 시골의 작은 상점에 방문하기를 좋아한다. 일본의 시골 마을로 여행을 가면 상점가에 꼭 들른다. 코로나19 직전에 일본 홋카이도에 간 적이 있다. 카세트테이프를 DIY로 만드는 크루들이 있다고 해서였다. 간 김에 홋카이도 시내에서 외곽으로 한두 시간 정도 자전거를 타고 나가 잡화점에 들러 반가운 제품을 업어 왔다. 주로 할아버지 할머니들이 고물상처럼 이런저런 물건들을 모아서 파는 숍에서 발견할 확률이 높다.

숨겨진 보물을 발견하듯이 골목골목

우리의 컬렉팅을 보고 전문적으로 딜러를 통해서 구매하는 줄 아는 분들이 많지만, 사실 한두 군데 정해진 루트를 통해 수집하기보다 아주 다양한 방법으로 들이고 있다. 여기저기 돌아다니면서 숨겨진 보물을 발견하듯 수집하는 것이다. 예를 들어 일본의 지방 소도시에 놀러갔다가 산책을 하고 있는데 어쩐지 느낌이 오는 상점이 있으면 들어가보는 식이다. 골목골목 돌아다녀야 보인다. 그러니까 우리의 수집품은 발품의 산물인 셈이다.

판매와 소통과 재미

사실 지금은 둘 곳이 부족할 정도다. 상자 안에 잠들어 있는 제품들도 많다. 음악도 틀어보고 듣고 해야 하는데 그렇게 하지 못하고 있다. 그냥 창고에 쌓아두기보다 좋아하는 분들이 와서 경험해보았으면 좋겠다는 생각이 들었다. 레몬서울을 만든 지금도 수집하기 바빠서 여유 있게 음악을 듣는 시간은 넉넉하지 않다. 그래도 손님들이 오셔서 음악을 들어볼 때 같이 들을 수 있어서 좋다. 음악을 들으며 좋아하는 분들을 보면 보람과 행복을 느낀다. 사실 예전에 의류 브랜드를 운영했어도 직접 판매를 하지 않다 보니 손님을 만날 일은 거의 없었다. 지금은 같은 관심사를 공유하는 사람들과 소통하는 재미가 쏠쏠하다.

과거를 대하는 태도 — 레트로, 아날로그, 천천히

레몬서울이 문을 열었을 때부터 복고 트렌드가 꿈틀거리긴 했다. 지금처럼 폭발적이진 않았지만 말이다. 지금은 복고 관련 상품들을 실제로 소비하는 단계다. 과거에는 '이런 것들이 있구나' 정도에서 그쳤다면, 지금은 관련 제품도 사고 음악도 직접 챙겨 들어본다. 과거를 대하는 태도가 달라진 것이다. 낡고 촌스러운 과거가 아니라 느리지만 낭만이 있었던 과거로 윤색되는 것 같다. 뭐든지 자동, 터치로 작동되는 요즘과 달리 직접 누르고 판을 뒤집고 해야 음악이 나온다. 그런 행위 자체를 체험해보는 데 재미를 느낀다. 천천히 가고 싶어 하는 마음 아닐까 싶다.

자기 취향이 확실한 사람들

레몬서울을 찾는 사람들의 성비는 반반이다. 어떻게 보면 너무나 소수, 그러니까 덕후의 취미 세계라서 처음에 레몬서울을 열었을 때만 해도 마니아의 공간이 되겠구나 생각했다. 그런데 예상 밖으로 정말 다양한 연령대의 사람들이 이곳을 방문한다. 예약제인데도 불

구하고 애써 정해진 시간에 맞춰 구경하러 오는 것이다. 20대 초반은 태어나기 전에 나온 제품들을 신기해하고 30대는 어릴 때의 추억이 떠오른다며 좋아한다. 40대나 50대 중에는 학창 시절이나 군대 시절이 생각난다면서 좋아하는 분들도 있다. 공통점이 있다면 자기 취향이 확실한 분들이 많다는 것이다. 그림을 그리거나 음악을 하거나, 디자인 전공자가 많다. 디자인에 대한 취향이 있는 분들이 주로 찾는 것 같다.

그 옛날 친구 집에서 음악을 듣는 것처럼

레몬서울을 더 편안한 공간으로 만들고 싶다. 현재 레몬서울이 있는 건물도 1970년대 지어진 건물이다. 그 옛날 친구 집에 들어가서 음악을 듣는 것처럼 이곳에 와서 즐거운 경험을 하고 갈 수 있으면 좋겠다. 본업이 디자이너이기 때문에 레몬서울의 브랜드 정체성을 담은 굿즈를 만들 계획도 있다. 온라인 편집숍 '29CM'와 협업해 워크맨 파우치 백을 만들기도 했다. 'ON AIR'라고 쓰인 붉은색 조명도 판매했다. 라디오 전성기 시절 소니에서 경품으로 제공한 온에어 램프를 재해석한 상품이다. 음악과 관련된 포스터 제작도 염두에 두고 있다. 앞으로도 계속 레몬서울만의 감성을 녹인 디자인 굿즈를 제작해볼 생각이다.

협업을 할 때는

레몬서울을 찾는 분들 중 디자이너와 기획자, 브랜드 관련 일을 하는 분들이 많았다. 워낙 우리 공간을 좋아해주는 분들이었기에, 우리와 접점이 생기면서 협업 제안도 많았다. 패션 브랜드 '아카이브 앱크'의 쇼룸에서 공간을 채우는 음악 전시를 하기도 했다. 잔향(殘香)이 주제였는데, '소리 향(響)' 자를 써서 바닷가에서 들리는 소리를 주제로 플레이스트를 구성해 재생했다. 파도 소리 바이닐을 더해 실제 바다에 온 것 같은 느낌을 구현했다. 서울 국제 타이포그라피 비엔날레인 '타이포 잔치'에서는 브라운관에 글자를 출력하는 형식의 전시를 진행했다. '가화밈사성'이라는 주제로 부모님들이 문자로 주시는 촌스럽지만 정감 있는 덕담을 '밈'으로 만들어 브라운관에 보여지도록 했다. 브라운관을 차례상처럼 놓아두었던 재미있는 전시였다.

소진되고 싶지 않다! 살아남고 싶다!

20세기에 존재했던 누군가의 공간에 조용히 들어와 음악을 듣는 것 같은 경험을 주는 것. 우리가 가장 하고 싶은 일이다. 우리만의 색을 유지하면서 독특한 가게로 살아남고 싶다. 외국에 가면 오랜 세월 동안 한자리에서 브랜드 정체성을 유지하는 가게들이 많다. 을지로에서 안국으로 옮긴 것도 이미지 소진에 대한 우려 때문이었다. 레몬서울에서는 사진 촬영을 할 수 없다. 초반에는 촬영에 대한 제재가 없었는데, 그러다 보니 손님들이 사진 촬영을 하느라 공간을 제대로 즐기지 못하더라. 누군가는 촬영해서 올리면 홍보가 될 텐데 왜 마다하느냐고 하지만, 그보다는 공간에 집중했으면 좋겠다는 바람이 컸다. '뉴트로'라는 유행어처럼 빠르게 소진되고 싶지 않다. 빠르게 유명해지고 많이 알려지는 것보다 천천히 오랫동안 가고 싶다.

코로나19 — 일상의 환기

코로나19가 극심했을 때가 역으로 가장 바빴다. 예약제로 운영되는 데다, 집에서 음악을 즐기고 싶어 하는 사람들이 많아졌던 시기다. 밖에서 공연이나 문화를 즐길 수 없다 보니 마음에 드는 음향 기기를 집에 들여놓고 싶어 하는 사람들이 많았다. 해외도 나가지 못하고 여행도 어려우니, 이런 공간을 방문하면서 일상을 환기하고 싶어 하는 수요도 있었던 것 같다.

온라인 쇼핑이 없던 그때처럼

레몬서울의 물건들은 생각보다 자주 바뀐다. 단골 고객 중에는 거의 매주 오는 분도 꽤 있다. 요즘에는 온라인 숍에서 확인한 후 필요할 때 사러만 오거나, 아니면 오프라인에서 보고 온라인에서 사는 경우가 흔하지만, 우리는 반드시 여기 와야만 볼 수 있고 살 수 있기 때문에 손님들의 눈이 더 반짝인다. 오늘은 또 어떤 신제품이 있을까 문을 열면서부터 두근거리는 것이다. 온라인 쇼핑이 없었던 옛날 그 때처럼, 설레는 마음인 것이다.

호호당

양정은

'과거'라는 거대한 아카이브로부터

전통 공예품의 메카로 불리는 서울의 인사동 길을 걷다 보면, 선뜻 손이 가지 않는 상품의 조악함에 실망하곤 했다. 언젠가 일본 교토의 작은 손수건 가게에 들러 느꼈던 경외와 질투의 시간도 떠올랐다. 고유의 문화를 능숙하고 미끈하게 풀어낸 미감(美感)과 그것을 집요하게 이어온 세월이 부러웠기 때문이다.

다행히 언제부턴가 서울에도 세련된 한국의 미감을 담아 활동하는 크리에이터들이 생겨나기 시작했다. 흉내만 낸 전통이거나, 어설프게 비틀어 이도 저도 아니게 된 정체불명의 혼종도 아니었다. 전통의 맥을 간직하면서도 지금의 일상에 적용해도 아름다운 것을 만들어내는 이들의 등장이다.

사람들의 관심에서 멀어진 물건을 발굴해
일상에서 재미있게 쓰다

단연 눈에 띄는 기획자는 '호호당(好好當)'의 양정은 대표다. 서울 종로구 청운동에 위치한 라이프스타일 숍 호호당은 한국의 색이 담긴 물건을 파는 상점이다. 한 사람이 일생 겪을 수 있는 여러 의례 상황에서 필요한 물건들을 기획하

고 제작해 판매한다. 태어났을 때 입는 배냇저고리부터 명절 선물을 건넬 때 필요한 보자기, 혼례에 필요한 함, 어서 차려입고 궁궐 나들이가 하고 싶어지는 단정한 한복 등이다. 쌓아올려 쓸 수 있는 다반(소반)이나, 양단(洋緞)으로 만든 에코백, 백호(白虎) 문양이 깃든 카드와 편지지 같은 일용품도 있다. 호호당은 우리가 예전부터 중요한 날 혹은 기쁜 날 써왔던 물건들 중 사람들의 관심에서 멀어진 물건을 발굴해 일상에서 재미있게 쓸 수 있도록 만든다. 이름처럼, 일생 함께할 수 있는 물건들을 지어놓고, 늘 좋은 일만 있으라고 되뇌는 다정한 가게다.

호호당의 이름을 널리 알린 품목은 보자기다. 지금도 청운동 매장의 문을 열면 정면에 걸린 색색의 보자기가 고급 브랜드의 스카프마냥 눈길을 끈다. 보자기라고 하면 으레 물건에 딸려오는 부속품 같은 것이라고 생각했던 이들에게는 색다른 풍경이다.

노방부터 양단까지 다양한 소재와 배색으로 갖춰진 호호당의 보자기는 두어 장 소장하고 싶은 마음을 자극하기에 충분하다. 눈이 밝은 외국인들이 들러 몇 장씩 보자기를 사갔고, '호텔 신라', '설화수', '정관장' 등 국내 브랜드뿐 아니라, '까르띠에', '구찌' 같은 해외 명품 브랜드가 VIP를 위한 보자기 제작을 대량으로 의뢰하는 일도 많다.

보(褓), 포(包), 품(品), 의(衣)

양정은 대표는 사극 의상을 제작하는 부모님 덕분에 늘
한국의 아름다운 것을 보며 자랐다. 최고로 아름답게 재현
한 한복을 보며 컸고, 한복을 짓고 남은 자투리 천을 보자기
삼아 도시락을 감싸 들고 다녔다. 김장철이면 배추 300포
기씩 마당에 펼쳐놓고 김장을 했던 할머니와 어머니를 보
고 자란 양 대표는 한국 음식을 전공한 뒤 '정미소'라는 한
식당을 냈다. '맑은 물 길어 밥 짓는 곳'이라는 의미다. '비
비고' 같은 한식 브랜드도 없었던 시절, 아무도 비빔밥을 주
목하지 않았을 때 아름다운 고명을 올린 비빔밥을 내고, 맥
적이나 섭산삼 같은 생소한 우리 고유의 음식을 냈다. 우리
것에도 이렇게 근사한 아름다움이 있다는 것을 알리고 싶
었다.

이후 한식당을 접은 뒤 선물 요리 스튜디오 호호당을
열었다. 처음에는 이바지 음식 등 선물로 오가는 정성스러
운 음식을 주문받아 제작하고 전통 요리 수업을 했다. 선물
용 음식이다 보니 포장이 중요했는데, 어렸을 때 집에서 흔

하게 보았던 보자기가 막상 구하려니 쉽지 않았다. 싸구려 중국산 원단으로 만들어진 일명 떡집 보자기 같은 보자기로 귀한 음식을 감쌀 순 없었다. 좋은 보자기를 구하기 어렵다면 직접 만들어보면 어떨까? 그러다가 일상에서 구색을 갖출 수 있을 정도로 우리의 미감이 담긴 제품을 같이 만들어보자는 생각이 들었다. 지금까지 호호당이 만들어오고 있는 '보·포·품·의'라는 카테고리가 그때 만들어졌다.

유니클로 옷처럼 한복을 사 입을 수 없을까?

아름다운 우리 옷이라는 것을 알지만 막상 입으려면 어려운 한복을 호호당의 손길로 재해석한 한복 라인 '히스토리 바이 호호당'은 양정은 대표의 기획력이 빛나는 카테고리다. 지난 2019년 초 처음 선보인 호호당의 자체 한복 브랜드로 호호당이 추구하는 브랜드 정체성이 고스란히 담겨 있다. 한복이 아름답지만 일상에서 입기 어렵다는 생각은 대학 시절 일본 여행에서 본 유카타로 인해 바뀌었다. 불꽃 축제를 맞아 나들이 나온 일본인들이 유카타로 성장(盛裝)한 모습을 보고 나니 한복도 전통 그대로 일상에서 멋지게 입을 수 있겠다는 생각이 들었다. 이후 '유니클로' 같은 대중

브랜드에서 유카타를 S, M, L 사이즈로 나누어 기성복처럼 판매하는 것을 보고 한복도 이렇게 쉽게 살 수 있으면 좋겠다는 생각을 했다.

호호당의 한복은 바로 사고 따로 사는 한복이다. 양정은 대표는 결혼할 때 맞췄던 녹의홍상(녹색 저고리에 붉은 치마)을 이후에도 입고 싶어 저고리만 따로 구입하려 했지만 녹록치 않았던 경험을 떠올렸다. 저고리만 파는 곳도 없고, 비용도 거의 한 벌을 다시 맞추는 것이 낫겠다 싶을 만큼 비쌌다. 사는 것도 입는 것도 까다롭고 복잡한 한복에 대해 고민했다. 호호당의 한복을 매장에서 바로 살 수 있는 기성복의 형태로 만든 이유다. 최근에는 생활 한복 등 한복에 모티브를 둔 기성복 브랜드가 많지만, 전통 한복 형태의 기성복은 드물다. 호호당의 한복은 백일 한복, 돌 한복을 비롯하여 10세 사이즈까지 매장이나 온라인 스토어에서 곧바로 주문하고 구매할 수 있다. 저고리와 치마, 바지 등을 단품으로 따로 살 수도 있다. 가지고 있는 치마에 저고리만 새로 해 입어도 좋기 때문에, 호호당의 한복을 물려 입은 아이들이 저고리나 치마, 바지 등만 추가로 구입하러 방문하는 일이 잦다. 저고리와 치마, 바지는 소재별로 약 10종씩 준비되어 있어 원하는 색상으로 조합하면 제법 다양한 구성의 나만의 한복 차림이 완성된다. 그러니까 모듈형 한복인 셈이다. 부분을 조합해 전체를 만든다는 의미도 되고, 변형이나 연장에 한계가 없다는 의미도 된다.

우리의 아름다운 생활 방식을
지금 시대에 맞게 제안하는 일

호호당은 현대에 사용하는 전통의 물건에 멋대로 변형을 가하지 않는다. 오히려 전통 그대로 본연의 멋을 가져온다. 그래서 고도의 세련미를 획득한다. 보자기도 옛날 사용하던 그대로의 미감을 살려 품질 좋게 가다듬고, 한복 역시 바닥에 내려놓으면 납작하게 접히는 한복 고유의 형태 그대로다. 다만 형태와 색은 옛것의 아름다움을 살리되 실용성을 놓치지 않는다. 한복은 가볍게 물빨래를 할 수 있고, 치마에는 구두 굽에 따라 길이를 조절할 수 있는 어깨끈을 달았다. 무엇보다 과하게 장식적이지 않다. 단정한 본류의 것이면서도 실용적이다.

한식에서 선물 요리, 우리의 미감이 담긴 일상 용품, 그리고 한복까지. 조금씩 형태는 달라졌지만 결국은 양정은 대표가 기획을 통해 하고 싶은 이야기는 한결같은 것처럼 보인다. 아름다운 모양으로 비빔밥을 내고, 고운 빛깔의 보자기로 싼 정성스러운 음식을 만들고, 아이의 장수를 비는 동물 자수를 새겨 넣은 배냇저고리를 짓는 것은 모두 예전부터 이어온 아름다운 생활 방식을 지금 시대에 맞게 재해석해 제안하는 일이다. "우리 것이 참 아름답지요?"라고 다정하게 말을 거는 기획이다.

정성의 시작

어릴 때 부모님이 사극 의상을 만드는 일을 하다 보니 왕비가 입는 한복이나 공주가 입는 한복을 만들고 남은 고급 천으로 보자기를 만들어 썼다. 한두 장이었으면 누구한테 쉽게 주지 못하고 아껴 썼을 텐데 자투리 천이 워낙 많아서 할머니와 어머니도 보자기 포장을 많이 활용해 선물도 하고 그랬던 것 같다. 학교 다닐 때 도시락도 매일 다른 매듭으로 보자기 포장을 해서 주시곤 했다. 호호당에서 선물 요리 수업을 할 때 도자기 합(盒)이나 나무 합에 음식을 담아 이를 포장해서 가는 것까지가 수업 내용이었는데, 당시만 해도 예쁜 보자기를 살 곳이 없었다. 시중에는 중국산 천을 이용해 만든 얇은 보자기가 대부분이었다. 오래 두고 쓸 수 있는 보자기를 직접 만들어야겠다고 생각했다.

제작의 의미

호호당에서 판매하는 제품은 모두 우리가 손수 제작한 제품이다. 어딘가에서 만들어진 제품을 가져와 판매하는 것은 의미 없다고 생각했다. 우리가 기획하고 고민해서 푼 제품들이다. 시간이 걸리더라도 직접 제작한 제품으로 하나씩 품목을 늘려가고 있다. 보자기의 경우, 노방이나 양단 같은 전통 소재를 쓰고 있다. 제작을 직접 하면 내 생각이 반영된 제품을 만들 수 있다. 당시만 해도 속이 비치는 노방 소재로 보자기를 만드는 곳이 거의 없었다. 옛날 아버지 회사에서 한복 만드시던 분들을 다시 모셔와 작업장을 차리는 것으로 일을 시작했다. 중국산 보자기 같은 경우 1만 장 단위로 들여오는데, 직접 제작을 하면 품질도 마음에 들지만 다양한 소재와 배색의 제품을 조금씩 생산할 수 있어서 좋다.

동양에서 온 마법사

포장 요리에 쓸 요량으로 보자기를 만들고, 원하는 소비자들에게는 팔기도 해야겠다 생각했는데, 의외로 기업의 호응이 좋았다. 생각지 못했던 수요층이었다. 한국의 아름다움을 높이 사는 기업들이 보자기 포장에 관심이 컸다. 설화수 같은 한국 브랜드도 그렇지만, 외국 기업 중에도 보자기 포장 문화를 좋아하는 경우가 많았다. 외국인의 눈에는 보자기 포장이 더욱 아름다워 보인다고 한다. 밀라노의 생활 소비재 박람회에 나가 유기나 보자기 가방 같은 것을 소개할 때도 반응이 뜨거웠다. 쇼핑백 대신 보자기로 가방을 만들어서 물건을 포장해주었다. 동양에서 온 마법사 대접을 받았던 기억이 난다. 설화수와의 작업 같은 경우는 한국 사람들에게 통하는 한국의 아름다움을 표현했다. 우리 기억에 한국의 포장 문화가 거의 남아 있는 것이 없는데, 보자기로 모던한 아름다움을 표현할 수 있다는 것을 설화수를 통해서 아셨다는 분들이 많다. 쇼핑 백에 담아 주는 것보다 모던하게 배색된 보자기로 포장한 물건이 얼마나 예쁜지 말이다.

보자기에서 베갯잇까지, 라인을 확장하는 법

아마도 '보자기만 만들어 팔아야지'라고 생각했으면 시작하지 않았을 것 같다. 일상을 채우는 아름다운 한국의 물건이라는 큰 주제는 처음부터 생각했던 콘셉트다. 크게 보·포·품·의로 카테고리를 생각했는데, 처음 시작 때부터 지금까지 변하지 않았다. 이 정도는 갖추어야 생활에서 우리 색이 담긴 물건을 다양하게 누릴 수 있다고 생각한다. 유기나 도자기, 패브릭 제품, 나무 제품, 향 제품으로 전개하다가 호호당 베이비, 히스토리 바이 호호당 등 라인이 확장됐다. 침구류도 본격적으로 시작할 예정이다. 한국의 베갯잇만큼 실용적이고 알뜰한 문화가 없다. 청결하게 생활을 가다듬지만 관리하는 사람의 수고도 덜어준다. 계절을 느낄 수 있도록 다양한 소재로 베갯잇을 만들어서 판매할 예정이다. 이불에도 베갯잇의 원리를 접목시켜 얇은 이불 한 채만 더하면 침구를 모두 세탁하지 않아도 세탁과 관리를 쉽게 할 수 있도록 만들어보려고 한다.

새것보다 옛것, 백화점보다 도서관

제품마다 다르긴 한데 주로 이런 제품을 만들자는 제안은 내가 하는 편이다. 이 방식이 호호당 색에 제일 맞는 것 같다. 어떻게 풀지에 대해서는 함께 고민한다. 새로운 것을 찾기보다 과거의 아카이브를 탐색하는 편이다. 전시에도 자주 가지만 도서관에 가서 과거의 것을 주로 많이 본다. 요즘 것은 일부러 안 찾아보는 면도 있다. 새로운 이미지에 갇힐 수 있기 때문이다. 물론 시장조사 차원에서 어느 정도 알고는 있지만, 그보다는 옛 기록과 옛 작품에 더 많이 집중한다. 1970년대 1980년대까지만 거슬러 올라가도 한복을 다룬 여성 잡지들이 있는데, 그 모습이 아주 참신하고 재미있다. 개인적으로도 과거의 아카이브를 찾는 것을 좋아하는데, 그럴 때면 호호당 같은 브랜드를 해서 다행이라는 생각이 든다.

브랜드 정체성

옛날의 어떤 모습을 그대로 복원하기보다 실용적으로 재해석하고 싶다. 예전에는 베갯잇도 한복의 동정도 갈아서 썼다. 지금도 얼마든지 유용하게 활용할 수 있는 부분이기에 가져오고 싶었다. 지금 생활에서 유용하게 쓸 수 있는 것을 만들고 싶다.

내가 파는 물건이 사람을 즐겁게 하는가?

호호당에서 내는 제품 라인이 다양하지만 결국 하고 싶은 이야기는 하나다. 예쁜 디자인의 물건을 계속 선보이는 것도 좋지만, 호호당이 하는 일이 한국인으로 태어나 한국에서 살면서 즐기게 해주는 작업이었으면 좋겠다. 사실 디자인이 근사한 제품은 너무 많고 끊임없이 새로 나오고 있다. 해외에 나가보면 자신들의 문화를 지키면서 사는 것을 당연하게 생각한다는 것을 알 수 있다. 돌이나 백일, 이런 예식은 아직 잘 지켜지고 있지만, 그 외에 일생 의례는 다소 변질되거나 잊힌 것들이 많아 아쉬웠다. 결혼식이나 성인식 같은 문화도 우리 색으로 충분히 기릴 수 있는 날인데 안타깝다. 물론 억지로 한다고 해서 되는 것은 아니겠지만 호호당이 물건을 통해서라도 즐길 수 있도록 해줄 수 있다면 좋겠다.

실용성과 재미

한국적인 것을 판에 박힌 것처럼 여기는 것은 경계한다. 정갈한 한복에 쪽진 머리, 이런 식으로 우리 문화를 고루하게 생각하는 것보다 호호당만의 해석을 할 수 있다면 좋을 것 같다. 우리 색이 담긴

물건을 만들지만 실용성을 강조하는 이유다. 또 너무 낡아 보이지 않도록 재치 있게 풀려고도 노력한다. 손수건에 태어난 해를 상징하는 동물 자수를 놓고, 아이들 한복의 노리개는 플레이 모빌 같은 회사와 협업해 제작하기도 한다.

눈치 보지 않기

전통을 촌스럽다고 여기거나 자랑스럽게 여기는 마음을 동시에 만난다. 전통을 아름답다고 여기는 미의 기준 역시 사람마다 다르고, 어떤 시선이 꼭 옳다고 생각하지도 않는다. 그렇기에 호호당에서 전통 용품을 공부하고 제작하고 소개할 때는 누구의 눈치도 보지 않는다. 예를 들어, 내가 생각하는 어떤 한국의 미가 누군가에게는 촌스럽다고 여겨질 수도 있다. 색감이 지나치게 화려하다거나, 활용법이 고루하다거나…. 하지만 누군가는 아주 근사한 작품이라고 여길 수도 있다. 그 평가는 시간이 흐르며 달라지기도 하고, 유행이 변하면 180도 바뀌기도 한다. 우리 모두가 한국 사람이다 보니까 한국적인 것에 대한 기준이 정말 다양하다. 모두 전문가다. 한식을 내면 어른들이 이건 한식이네, 아니네, 모두 한 마디씩 거든다. 한복도 마찬가지다. 결국은 이 작업을 전개하는 내가 줏대를 가지고, 주변의 평가에 휘둘리지 않으며 최선을 다해 만들어가는 것이 중요하다고 생각한다. 반짝 좋은 물건을 내는 것보다 꾸준함에 신경을 쓰는 이유도 같은 맥락이다. 지나온 시간이 쌓이고 만든 물건들이 모였을 때, 의도가 드러난다고 생각하기 때문이다. 같은 작업을 5년, 10년 하다 보면 목소리에 힘이 생기고, 자연스럽게 길이 나는 것 같다.

하기 싫은 것은 하지 않아도 되는 회사여야 한다

이 일을 10여 년 했지만 어떻게 이렇게 질리지 않고 재미있을까 생각한다. 사실 이 일을 하면서 몸이 힘들거나, 어떤 문제가 터져서 힘든 것보다 하고 싶은데 못하는 것이 더 힘들다. 엄격한 기업적 기준에서는 호호당은 성공한 회사가 아닐 수도 있다. 더 많은 수익을 내고 매출을 올릴 수 있는 방법도 안다. 하지만 그렇게 하지 않는 이유는 하고 싶은 일을 하는 것이 더 중요하기 때문이다. 적어도 하기 싫은 것은 하지 않아도 되는 회사라서 좋다.

농부가 새벽에 일어나 하루 종일 일을 하듯

정말 열심히 한다. 생활이 일과 가족으로 꽉 채워져 있다. 일을 하면서 만난 직원들이나 거래처 사람들과의 우정으로 새로운 삶이 만들어지는 것도 큰 즐거움이다. 좋아하는 일을 하며 살 수 있다는 것에 대해 감사를 느낀다. 지금은 어느 정도 자리가 잡혔지만, 처음 호호당을 시작할 때의 하루 일과표는 시골 농부의 그것과 다르지 않았다. 아이가 생기기 전에는 누가 시킨 것도 아닌데 새벽부터 밤까지 오직 일만 생각하며 살았다. 누가 들으면 깜짝 놀랄 정도의 일과를 소화했다. 그 시간이 토대가 되어 지금은 하루 종일은 아니고 새벽 5시부터 오후 5시까지 일을 한다. 그렇게 10년을 했는데도 아직 하고 싶은 일이 많고, 여전히 재미있다는 것이 신기하다. 업무 비중 중 소비자를 직접 만나는 일보다 비투비(B2B, 기업간 거래)가 더 많다. 더 다양한 제품을 만들어 일반 소비자들에게 선보이고 싶은 욕심은 항상 있다.

GRS 인증

지난 2년간 가장 매진했던 프로젝트 중 하나다. 국제 재생 표준 인증(Global Recycle Standard)인데, 제품이 지속 가능한 방식으로 생산되었다는 국제 인증이다. 보자기를 여러 번 쓸 수 있으니 친환경적이라고 얘기하곤 했는데, 어느 순간부터 이 보자기조차도 계속 생산하면 환경에 좋지 않을 것 같다는 고민이 있었다. 한 장의 보자기를 계속해서 쓰지 않으면 사실 종이보다도 환경에는 더 좋지 않을 테니 말이다. 폐플라스틱으로 섬유를 뽑아서 보자기를 만들면 좋겠다는 생각에 인증에 도전했다. 생각보다 쉽지 않았다. 생산 라인을 바꾸는 것은 물론이고, 실을 뽑고 원단을 만들고 봉제하는 여러 작업 단계에서 각 업체의 작업 환경도 평가 대상이 됐다. 작업장에 소화기는 있는지, 작업자가 다치면 연결되는 병원이 있는지 등도 평가 대상이다. 거의 2년 정도 걸려서 인증을 받았다. 한번 할 때 까다롭게 받자는 생각으로 가장 엄격한 기준의 100퍼센트 인증을 받았다. 최근에는 ESG(환경·사회·지배구조) 등 비재무적 요소를 중시하는 기업들이 많아서 기업과 함께 일을 할 때 GRS 인증이 큰 도움이 되었다.

한순간 유명해지는 것은 힘이 없다

SNS 활동도 하고 많이 드러내야 하지만 10여 년을 하다 보니 결국은 소통보다는 작업으로 얘기하는 것이 좋았다. 너무 많은 말을 하고 자랑하기보다 제품과 활동으로 보여주어야 오래 살아남는 것 같다. 한순간 유명해지는 것은 의미가 없다. 전 국민이 알아도 5년 못 가고, 10년 못 가면 부질없다. 오래 살아남아서 계속 보여줘야 진짜라고 생각한다.

마르지 않는 이야기

호호당을 통해 보여주고 싶었던 것은 '손끝에서 흐르는 전통'이었다. 잊히지 않았으면 하는 것을 만들어 함께 사용하며, 왜 이 물건을 만들고 소개하는지를 알리는 것이 중요했다. SNS만으로는 한계가 있었다. 호호당북스를 만들어 《도깨비(TOKEVI)》라는 잡지를 창간하게 된 이유다. 그간 호호당에서 들려주고 싶던 이야기를 차근차근 소개하기 위해 만든 출판사를 통해 지난해 5월 《도깨비》를 냈다. 창간 준비호의 주제는 '나의 가족'이었다. 요즘 독립 잡지답지 않게 메

Our Home, sweet home,
Might be a small heaven on earth
Shaped by an idealist who
Never saw it finished

Stories, Everlasting
TOKEVI

토케비북스

TOKEVI

나의 가족

Premiere Edition
Summer 2022

시지를 꽉꽉 채워 아기자기하게 만들었다. 《도깨비》 매거진을 시작으로 호호당에서 알리고 싶은 이야기들, 예를 들어 오랜 생활의 지혜나, 한국의 아름다운 글과 그림 등을 차근차근 소개해나가고 싶다. 호호당에서 전하고 싶던 것은 결국 '마르지 않는 이야기'다.

결국 내가 하고 싶은 말이 있어야 한다

정미소에서 비빔밥을 내고, 호호당 초기에 선물 요리 수업을 하면서 보자기를 만들다가 지금에 이르렀다. 돌아보니 모두 결이 비슷하다. 요리든 이바지 음식이든 제품을 만들어 소개하든, 결국 내가 하고 싶은 말이 있어서 하는 것 같다. 정미소를 할 때는 1인상을 냈는데, 한식이면 으레 찌개 하나를 두고 수저로 함께 먹는다고 생각하는 것이 싫었다. 골동반이나 맥적, 섭산삼같이 요즘 사람들에게 생소한 메뉴를 일부러 놓기도 했다. 잘 차려진 한 상을 정갈하고 깔끔하게 내면서도 가격은 너무 비싸지 않게 책정해 많은 사람들이 한식의 아름다움을 경험할 수 있으면 했다. 설명도 참 열심히 했다. "한국적인 것 너무 근사하죠?"라고 말하고 싶었던 것 같다.

삶의 어떤 장면에서 자연스럽게 떠오를 수 있다면

일생 의례에 맞는 물건을 소개하고 싶은데, 아직은 갖추어지지 않은 것이 많다. 입학할 때, 환갑이나 칠순일 때 생각나는 브랜드였으면 좋겠다. 한순간 반짝 유명해지는 것은 싫고, 너무 대단해 보이는 것도 별로다. 다만 잊히지 않았으면 좋겠다. 삶의 어떤 지점에서 자연스럽게 떠오르는 브랜드를 만들고 싶다.

마켓레이지헤븐

안리안

젊은 기획자가 농촌에서 할 수 있는 일

오전 11시 알람에 맞춰, 즐겨찾기 해놓은 '마켓레이지혜븐' 온라인 사이트에 접속한다. 오늘은 유기농 현미로 만든 들깨 절편 판매를 개시하는 날이다. 서둘러 클릭해보지만 결제까지 무사히 넘어가기는 쉽지 않다. 곧이어 야속하게도 '품절' 표시가 뜬다.

마켓레이지혜븐은 안리안·유상진 대표가 전북 고창에 터를 두고 운영하는 농산물 온라인 몰이다. 아스파라거스, 생고사리, 복숭아, 무훈증 밤, 완숙 토마토 등의 1차 농산물을 중심으로 들깨를 넣은 떡이나 미숫가루 등 가공식품을 판매한다. 몇몇 인기 제품은 '티켓팅'을 방불케 할 만큼 주문 경쟁이 치열하다. 소량 판매이기도 하지만, 그만큼 찾는 사람도 많다. 대형 마트는 물론 백화점 식품관까지 언제든 주문만 하면 새벽배송도 가능한 시대에 작은 규모의 농산물 온라인 몰이 왜 이렇게 인기일까?

안리안·유상진 대표는 본래 패션 업계에서 잔뼈가 굵은 기획자였다. 지난 2016년 4월 전북 고창에서 마켓레이지혜븐을 설립하고 지금까지 내실 있게 운영해오고 있다. 마켓레이지혜븐은 일반 농산물 유통 플랫폼과는 달리 도매시장에서 떼어온 물건은 취급하지 않는다. 농부와 도시를 잇는 중간자 역할을 하면서도, 조금은 더 농부의 편에 서서 직거래와 비슷한 형태로 물건을 기획해 판매한다. 기본적으로 좋은 작물을 생산하는 농부를 찾고, 더 좋은 상품을 만들 수 있도록 협업해 생산된 작물을 소개하는 방식이다. 그러다 보니 시간이 나면 차를 타고 시골의 좋은 밭이나 농장을 둘러보는 것이 두 대표의 취미가 되었다.

안리안 대표는 패션 프로듀서로 10여 년간 일하면서, 언젠가 자신의 능력과 인프라를 농업에 접목하면 어떤 변화를 이끌어낼 수 있을까 궁금해했다. 함께한 유상진 대표의 꿈도 언젠가 전업농이 되는 것이었다.

워낙 먹거리에 관심이 많았던 두 사람은 복잡한 도시에서 일을 하다가도 주말이면 지방으로, 농장으로 다니며 10년 후를 꿈꾸었다. 기회는 생각보다 빠르게 찾아왔다. 평소처럼 어느 지역으로 향하던 중, 우연히 전에 맛있게 먹었던 고구마 말랭이 농장의 표지판이 눈에 띄었다. 표지판이 가리키는 곳으로 방향을 틀었고, 바로 그곳에서 고구마 말랭이의 생산자인 고창의 농부를 만나게 되었다. 패키징이나 마케팅적 요소가 더해지면 상품성이 더 좋아질 것 같다는 얘기를 나누었다. 생산자도 진지하게 우리의 얘기를 들어주었다. 젊은 기획자가 농촌에서 할 수 있는 일이 있을 것 같다는 확신의 싹이 튼 순간이었다.

도시와 농촌이라는 극과 극을 연결하는 프로젝트

처음 고창에 내려갔을 당시, 초기 목표는 농산물 유통이 아니었다. 패션과 농업, 도시와 농촌이라는 극과 극을 우리의 방식으로 연결해보는 것이었다. 당시 서울에서는 라이프스타일 플리마켓(flea market)이 유행이었다. 주로 리빙·디자인 제품을 판매·취급하는 라이프스타일 관련 소상공인들이 한데 모여 시장을 여는 형식이 대부분이었다. 그럼 반대로 지역에서, 지역색과 문화를 살린 시장을 만들어보자는 아이디어를 떠올렸다. 고창의 무성한 풀숲 한가운데 커다란 식탁을 하나 놓고 우리 농산물로 만든 수프나 샐러드 등 프렌치 스타일의 음식 한 상을 차렸다. 재즈 공연을 곁들이고 패션·식음 업계 사람들을 불러 모았다. 이날 열린 행사의 사진이 SNS로 퍼져나갔고 곧 마켓레이지헤븐의 이름이 알려지기 시작했다. 청보리밭(학원농장)과 무장읍성, 서해안 바람공원에서 세 차례의 행사를 진행한 후, 비닐하우스 팜 파티(farm party)도 열었다. 이즈음부터 자연스레 고창을 궁금해하는 사람들이 생겨났다. 새로운 콘텐츠로 도시와 농촌을 연결하겠다는 생각이 작은 결실을 맺는 순간이었다.

좋은 파트너가 된다는 것은

행사 때 판매했던 남다른 맛의 농산물에 도시 사람들이 먼저 반응했다. 이후 농촌에서 발견한 브로콜리와 토마토, 아스파라거스 등을 선별해서 온라인으로 판매했다. 다음에는 고창 근처 농가의 제품을 직접 받아 포장해 판매하기 시작했다. 들깨떡 같은 마켓레이지혜본만의 히어로 아이템도 만들어졌다. 품질이 떨어지는 쌀로 떡을 만드는 기존 관행을 깨고, 도정한 지 일주일 이내의 지역에서 생산된 햅쌀과 역시 지역에서 생산된 국내산 들깨 등 100퍼센트 로컬 식재료만 사용해 만들었다. 들깨떡은 오픈 직후 수 분 만에 매진이 되는 히트 상품이 됐다. 많을 때는 3천 상자의 떡이 10분 만에 매진되기도 했다

'우리 부모님에게도 보낼 수 있는 건강한 음식을 판매한다.' 안리안 대표의 원칙이다. 단순히 농부에게 물건을 떼다 파는 유통 플랫폼이 아닌, 생산자와 소비자 사이, 그 간극을 메우는 역할을 하고 싶다. 생산자도 소비자도 좋은 음식을 팔고 찾기 위한 전략적 파트너라고 생각한다. 농부와 수확 시점을 의논하고, 요즘 소비자들이 선호하는 맛의 품종을 공부해 추천하기도 한다. 환경에 이로운 농법으로의 전환을

독려하는 등, 농산물의 생산과 유통의 다양한 부분에 의견을 제시한다. 그와 함께 소비자에게는 농산물을 대하는 태도, 좋은 상품과 그렇지 못한 상품을 구별해내는 방식, 좋은 상품을 더욱 맛있게 소비할 수 있는 방법 등을 제안한다.

마켓레이지혜븐의 농산물 상자에는 농부와 오랜 조율 끝에 수확된 귀한 농산물과 함께 안내문이 동봉된다. 이 농부와는 어떤 인연으로 만났고, 어떤 식으로 이 작물을 재배했는지 등 시시콜콜한 이야기가 가득 담긴다. 마치 시골에 사는 마음 따뜻한 지인이 보내주는 꾸러미처럼 다정한 먹거리다.

투박한 진심과 멋

마켓레이지혜븐은 또한 단순한 온라인 유통 플랫폼만은 아니다. 농업과 기획을 엮어보자는 최초의 발상을 담아 다양한 식음 콘텐츠를 만들어낸다. 지난 2019년 겨울 서울 한남동에 연 팝업 레스토랑이 대표적인 사례다.

아침 7시부터 10시까지만 주문을 받는 '조식' 레스토랑으로, 마켓레이지혜븐이 취급하는 먹거리로 한 상을 차려냈다. 식탁에는 고창에서 온 복분자 잼과 야생화 꿀, 우유로 만든 푸딩을 곁들인 프랑스식 조식이 올랐다. 이듬해 봄, 같은 장소에서 열린 내추럴 와인 팝업에서는 송화버섯 라비올리와 멸치와 계란을 얹은 밥, 들깨 절편과 내추럴 와인이 어우러지는 맛깔난 식탁이 3주간 손님을 맞았다.

지난 2022년에는 충남 홍성의 농업 스타트업 '채소생활'과 합병, 재생 유기 농업을 추구하는 직영 농장과 청년 농부를 육성하는 교육 콘텐츠 사업으로의 확장도 계획하고 있다. 온라인과 오프라인을 넘나들며 농산물과 환경, 농업을 아우르는 영상과 책, 소셜 다이닝 등을 기획 및 제작할 예정이다. 예를 들어 홍성과 고창 등지에서 1박 2일 코스로 아이와 함께하는 유기 농업 체험을 여는 식이다. 고창뿐 아니라 서울 신용산에도 오프라인 공간을 마련해 농업과 관련한 다양한 이벤트를 계획하고 있다.

오는 가을에는 조식 팝업을 열었던 한남동 마켓레이지 헤븐 공간에 농산물을 판매하는 선물가게를 연다. 질 좋은 1차 농산물을 어떻게 즐길 수 있을지 소비자의 관점에서 친절하고 다정하게 풀어낸 공간이다. 요즘 유행하는 그로서리 숍처럼 단순히 예쁜 곳이 아닌, 밀도 있는 공간으로 만들 작정이다.

마켓레이지헤븐은 요즘 한창 관심을 받는 '로컬' 트렌드를 정확하게 짚어낸다. 바쁘게 돌아가는 도시의 일상에서도 어느 순간 시골의 정서가 그리워질 때가 있다. 슈퍼마켓의 판매대에 놓인 상품이 아닌, 땅의 에너지를 듬뿍 담은 열매와 알곡으로 입안을 채우고 싶은 기분 말이다. 거칠고 투박한 농촌의 진심을 담은 먹거리에 지역이 가진 고유의 멋을 담은 콘텐츠까지 버무려지니 더할 나위 없다. 도시인들은 마켓레이지헤븐이 제안하는 먹거리에서 계절을 느낀다.

10년 후 뭘 할까? 나중에 어떻게 살까?

패션 홍보로 시작해, 나중에는 브랜드의 크리에이티브 디렉터가 원하는 일을 기획하고 수행하는 패션 프로듀서처럼 일했다. 외주로 패션쇼도 진행하고, 브랜드와 함께 행사도 열면서 약 10여 년 정도 패션 업계에서 일했다. 매일같이 바쁘게 살면서도 10년 후 뭘 할까, 나중에 어떻게 살까 늘 고민했던 것 같다. 지금은 남편이지만 당시에는 남자친구였던 유상진 대표와 함께 패션 콘텐츠 기획사를 운영하며 항상 같은 주제로 이야기를 나누었다. 결국 삶에서 가장 중요한 부분은 '잘 먹고 잘 사는 것'이니 그 근간이 되는 농업에 우리의 커리어와 인생을 바치는 것은 어떨까 생각하곤 했다. 농업 쪽으로 미래를 그린 것은 그 시점이었다. 대신 그때는 커리어를 쌓은 20년 후쯤으로 계획했는데, 일을 하다 보니 패션 업계에 있으면서도 매번 농업이나 먹거리 쪽으로 기획을 하게 되었다. 지나치게 소비적인 콘텐츠보다는, 생산적이고 지속 가능한 기획에 마음이 갔다.

생산적이고 지속 가능한 기획

패션 브랜드 '푸시버튼'의 박승건 크리에이티브 디렉터와 패션쇼를 기획할 때였다. 당시 패션쇼의 주인공인 모델들을 위한 백스테이지의 케이터링까지 세심하게 챙겼었는데 대량으로 맞춘 도시락, 햄버거, 피자, 과자 등 정크푸드가 아닌 자연 친화적이고 건강한 음식을 먹을 수 있도록 해보자는 기획을 하게 되었다. 푸시버튼은 굉장히 트렌디하고 패셔너블한 브랜드이지만 그와 동시에 동물이나 환경에 대한 관점이 전향적이었다. 패션쇼를 하거나 광고 촬영을 할 때 현장에서도 그런 철학이 드러날 수 있었으면 했다. 보통의 패션쇼나 광고 촬영 현장에는 일회용 도시락에 담긴 샌드위치 혹은 김밥 같은 간단한 음식이 대부분이다. 박승건 크리에이티브 디렉터와 건강한 일을 하자, 환경을 생각하자, 모델을 대우해주자, 이런 식의 콘셉트를 잡고 일회용 용기 대신에 도시락에 밤새 쌈밥을 쌌다. 강된장을 올린 밥을 하나씩 잎으로 감싸서 포장하고 모델 이름도 하나하나 새겼다. 음료도 커피 대신 건강한 물을 담았다. 너무 신이 났다. '우리는 이런 걸 할 때 재미를 느끼는구나' 하고 깨달았다.

결국 나의 취향이다

패션 일을 할 때, 파리 출장을 가면 다른 사람들은 편집숍에서 옷이나 액세서리 쇼핑을 하는데, 나는 봉마르쉐 백화점(Le Bon Marché)

식품관에 가서 설탕이나 소금 같은 먹을거리를 사 왔다. 요리를 해보고 지인들한테 그 제품이 정말 맛있다는 얘기도 해주고, 레시피도 정리해 알려줬다. 결국 그것이 내 취향이었던 것이다.

기획안에서 농장까지

2015년도쯤 어떤 계기가 있어서 집을 정리하는데 마치 영화처럼 2008년도에 미래를 고민하며 썼던 기획안이 툭 떨어졌다. 그 기획안 제목이 '소울 팜 프로젝트'였다. 도시 농업에 대한 기획안이었는데, 결국 우리가 해야 할 일이 이 분야인 것 같다는 생각이 들었다. 그 이후 주말마다 지방을 다녔다. 무작정 지역 농협에 가서 특산품이나 유명하다는 농산물도 찾아보고, 어떤 특별한 작물이 있으면 생산한 농부도 찾아가보고 그랬다. 그러다 어느 날 정말 맛있는 고구마 말랭이를 먹게 됐는데, 포장 디자인이 아쉬웠다. 우연히 농부를 만나서 조언 아닌 조언을 드렸는데, 그 농부가 우리 의견을 귀담아 들으셨다. 고창에서 고구마 농사를 짓고 있던 임성규 농부였다. 사실 그런 농부가 드물다. 작물에 대해 농부들과 대화를 해보려고 해도 사기꾼 취급하는 경우가 많다. 임성규 농부와는 계속해서 인연이 이어졌고, 그를 따라 고창에 터를 잡았다.

서울보다 지방으로

지역을 활성화해야겠다는 꽤나 거창한 야망을 가지고 일을 시작했다. 농업이라는 사업에 뛰어들면서 해당 지역의 고유 콘텐츠를 활용해보고 싶었다. 농업 분야는 종사하는 이들의 연령대가 높고, 노동 집약적인 산업이기에 점차 쇠퇴할 수밖에 없다고 생각했다. 젊은 사람들이 내려가서 기획을 고민하고 지역의 가치를 드러낼 수 있는 일을 한다면 의미 있을 것이라 판단했다.

외국식 플리마켓보다 우리식 잔치처럼

2016년 4월에 '마켓레이지헤븐'이라는 사업자를 내고 5월에 첫 행사를 열었다. 여러 지역의 농부들이 직접 농사지은 식재료로 마켓을 열어보자는 기획이었다. 서울이 아닌 전북 고창에서 연 마켓 행사였는데, 그때쯤 흔했던 라이프스타일 마켓 말고 좀 더 우리식의 전통을 가미해보자는 아이디어가 중심 테마였다. 당시 서울에서는 외국식 플리마켓이 한참 유행했었다. 아쉽게도 서양의 시장을 모방하는 형태가 많았다. 우리의 전통 시장이나, 잔치 모습을 담고 싶었다. 그래서 도심의 바쁜 생활에 지친 이들에게 아름다운 지방 도시의 자연을 느낄 수 있는 야외에서의 한 끼를 제공하는 행사를 기획했다. 시대물 드라마를 보면 항상 나오는 시장 밥집, 왁자지껄한 잔칫집을 상상하며 만든 행사인데, 요즘 다양한 행사에서 흔히 보이는, '소셜 다

이닝' 행사였다. 마침 '킨포크 스타일(자연친화적이고 소박한 일상을 지향하는 생활양식)'이 유행하던 시기였다.

시골에서의 소셜 다이닝

고창 읍성의 풀밭에 큰 테이블을 하나 차려놓고, 재즈 그룹도 부르고 전통 식재료로 프렌치 다이닝 형식의 음식도 냈다. 사실 이 행사는 현지 농부들에게 우리가 하는 일을 직관적으로 보여주고 싶어 마련한 기획이었다. 그런데 오히려 '현지인이 아닌 외지인에게' 반향이 컸다. 다들 SNS에 올려주어서 외부에서도 반응이 좋았다. 무엇보다 농업과 문화를 접목시켰다는 점을 높이 사주었다. 행사를 한 번 더 해달라는 요청이 많아서 그해 6월과 10월에 같은 콘셉트로 다른 공간을 보여주는 두 번의 대형 행사를 더 진행했고, 해가 마무리되는 겨울에는 비닐하우스 안에서 작은 규모의 '팜 카페'도 열었다. 행사를 찾아준 분들은 정말 좋아하셨다. 꼭 외국의 시골에 놀러온 것 같다는 얘기를 덧붙이는데, 좋으면서도 씁쓸했다. 우리도 이렇게 멋있게 농촌 문화를 소개할 수 있는데, 그동안 우리나라 지역의 가치가 너무 평가절하되어 있었다는 생각이 들었다. 조금만 손을 대면 멋질 수 있는데 안타까웠다. 농업이란 세계에 발을 들여놓으면서 어렴풋이 목표했던 로컬 문화 알리기에 조금이나마 가까이 다가간 느낌이었다.

설득의 시간

행사가 끝난 뒤, 맛보았던 작물을 살 수 있는지에 대한 문의를 많이 받았다. 아스파라거스, 패션프루트, 브로콜리, 토마토 등의 작물을 선택해 SNS를 통해 소개하기 시작했다. 애초에 유통의 관점에서 일을 시작한 것이 아니다 보니 초기에는 농부에게 소비자로 구매해 그 가격 그대로 소비자에게 재판매하기도 했다. 소비자들의 반응이 폭발적이었던 반면, 농부들은 우리에게 크게 관심이 없었다. 대규모 거래가 일반적이다 보니, 우리가 하는 소량 판매에는 크게 기대를 안 하는 것 같았다. 좋은 상품을 더욱 많은 사람들에게 알리고 싶은 우리만 중간에서 애가 탔다. 우리가 선별한 맛있는 작물들을 꾸러미로 만들어서 판매했다. 처음에는 도시와 농촌을 연결하고, 농부들에게 기획이나 마케팅의 관점을 조언하는 역할을 하고자 했는데 소비자의 요청에 의해 유통업을 시작하게 된 것이다. 잡지 등 매체에 꾸러미 프로젝트가 소개되면서 사고 싶다는 문의를 정말 많이 받았다. 이후 설득이 잘 안 되던 농부들도 조금씩 관심을 보이기 시작했다.

기다림의 기술

일단 우리가 먹어도 맛있는 작물을 기르는 농부들을 찾는 것이 관건이었다. 발품을 정말 많이 팔았다. 지자체나 농협을 거점으로 농부들을 직접 만나 우리를 소개했다. 차를 타고 지나다가도 밭이 좋아 보이면 무작정 내려서 이장님께 소개를 받기도 했다. 시작 전 탐색 기간이 쉽지 않았다. 이미 구축된 유통선이 있기 때문에 우리가 들어갈 자리가 없는 경우도 많았다. 무엇보다 우리는 어떤 분이 어떤 방식으로 작물을 키웠는지를 중요하게 보았다. 또 품질이 일정하게 유지될 수 있는지도 까다롭게 따졌다. 그러다 보니 어떤 농부와는 2~3년 얘기한 후에야 일이 성사되기도 했다. 아직 농업 쪽은 외부인에게 배타적일 수밖에 없는 구조다. 누구를 쉽게 믿기 어렵다. 오랜 시간을 보내면서 천천히 진행하는 방법밖에 없었다.

믿음직한 중간자

패션 기획자로서 브랜드와 소비자, 브랜드와 아티스트를 연결하는 중간자적 입장이었던 우리는 농업에서도 같은 역할을 한다. 그렇지만 농부에게 농산물을 받아 그대로 전달하는 기계적 유통을 할 수는 없었다. 마켓레이지헤븐의 소비자도 우리를 믿고 농산물을 구매한다. 그래서 딱 하나 지켰던 원칙이 있다면 '나라면 이 상품을 살까? 그리고 이 상품을 내 부모, 내 조카, 내 친구에게 자신 있게 권할 수 있을까?' 하는 물음에 의심의 여지 없이 '그렇다'라는 확신이 들 때만 움직이는 것이다.

태도와 음식과 에너지

공부하다 보면 결국 음식은 만드는 사람의 에너지라는 것을 깨닫게 된다. 땅과 자연을 대하는 농부의 태도는 고스란히 작물에 담긴다. 무조건 유기농이나 자연 재배가 정답이라는 말이 아니다. 자신이 길러내는 작물은 기본이고, 그 작물이 자라는 환경(땅), 생산물을 구매하는 소비자를 존중하는 마음이 중요하다. 이런 태도를 견지한 농부의 작물만 취급하려고 노력한다.

고창, 고지식한 진짜 농부들이 농사를 짓는 곳

고창은 여러모로 참 매력적인 곳이다. 아직도 곳곳에 전통의 흔적이 살아 있다. 자연도 근사하다. 습지와 바다와 산이 모두 있고 땅도 좋다. 고창 무장읍성은 동학농민운동 발상지이기도 하다. 땅의 기운이 강하고, 고지식한 진짜 농부들이 고집스레 농사를 짓는 곳이다. 변화를 바란다면 이런 곳에서 시작해야 하지 않을까 생각했다. 우리가 고창에 자리를 잡고 여러 활동을 해나가면서, '코오롱 FnC'의 브랜드 '에피그램'이 고창에 숙소를 운영하기 시작했다. 에피그램과 마켓레이지헤븐이 연계해 기획 행사를 열기도 했다. 2016년 여름 tvN의 예능 프로그램 〈삼시세끼〉의 무대도 고창이었다. 고창의 가치가 우리를 통해 알려졌다고 생각하진 않지만, 그렇다고 이 모든 일을 우연이라 여기진 않는다. 앞으로 지역에 기획자들이 더 모여들면 그만큼 더 많은 시너지가 나지 않을까 싶다.

고민과 목표

온라인으로 지속 가능하게 농업 유통을 할 수 있을지 고민하고 있다. 본래 온라인 숍은 테스트 마켓의 성질이 컸다. 규모가 커질수록 생각해야 할 부분이 많이 생긴다. 택배로 인해 쓰레기가 많이 나오는 것도 신경 쓰인다. 사실 궁극적으로는 역시 오프라인 매장을 하는 쪽이 우리가 원하는 일과 더 맞지 않을까 싶다. 지난 2년간은 코로나19의 여파로 숨 고르기를 했던 기간이다. 원래 우리가 하려고 했던 오프라인 콘텐츠들도 잠시 멈춤 상태가 됐다. 올해 하반기부터는 농산물 선물가게도 열고, 소셜 다이닝 같은 오프라인 행사도 열 예정이다. 충남 홍성 기반의 농업 스타트업 '채소생활'과 함께 농업 관련 교육 콘텐츠도 제작하려고 한다.

코로나19 이후

2년간 사람들이 밖보다는 안을 탐구했다. 단순히 보여주기식이 아니라 돌보지 않던 내부로 깊이 들어갔던 시기였다. 나의 공간, 나의 식탁에 무엇이 필요한지를 고민했다. 온라인이 흥했지만 역설적으로 오프라인의 깊이는 더해졌던 시기였다. 코로나19 이전부터 고민했던 오프라인 콘텐츠를 이제야 풀어내지만, 시기적으로는 더 맞는 것 같기도 하다. 아무래도 온라인은 한계가 있다. 오프라인은 무겁고 진지하지만, 또 자연스러운 맛이 있다. 쓱 편하게 와서 같이 먹을거리에 대해 얘기 나눌 수 있는 다정한 공간을 만들고 싶다. 요즘 사회가 너무 예민하기도 하다.

그 무엇도 다정함을 이길 수 없다

온라인이든 오프라인이든 우리가 제공하는 공간이 사람들에게 따뜻하고 다정한 곳이 되길 바란다. 마켓레이지혜븐에서 판매하는 모든 상품에는 상품에 대한 자세한 소개가 담긴 안내장에 구매한 사람의 이름과 담당자가 수기로 적은 사인을 꼭 넣는데, 한 명 한 명의 이름을 적고, 사인을 하며 마음속으로 행복하길, 건강하길 진심을 다해 축언한다. 눈에 보이지 않더라도 이런 마음이 우리를 좋아해주는 소비자의 마음에 가닿으리라는 작은 믿음을 갖고 있다. 또 해가 바뀔 때마다 첫 판매되는 상품에는 특히 '올해의 문장'을 적고는 하는데 '믿고 먹는다는 말의 무게', '마레헤의 깊은 맛', '잘 먹고 잘 산다는 말의 의미', '우리 함께, 깊이—멀리—높이' 등이 있었고, 지난해는 '다정함이라는 매력'이었다. 마음의 크기가 커져야 하는 요즘, 그 무엇도 다정함은 이길 수 없다는 생각을 자주 한다.

반짝, 사라지는 것들을 넘어

온라인 쇼핑이 존재하지 않던 과거에는 가능한 많은 제품을 가져다 놓고 다양하게 보여주는 상점이 흥했다. 백 가지의 물건이 있는 상점, 백화점 같은 형태다. 하지만 온라인에서 충분히 수많은 물건을 검색하고 비교해보는 것이 가능해진 지금, 오프라인 상점에 굳이 그 많은 물건을 늘어놓을 필요는 없다.

편집숍은 '이것만 있으면 돼' 하는 물건을 골라준다. 수많은 물건과 브랜드 중 특정한 취향의 것만 선별해 소개하는 형태다. 일본의 라이프스타일 브랜드 '빔스(BEAMS)'의 시라타 요 대표는 책 『물욕 없는 세계』에서 "수많은 정보 속에서 범위를 축소해나가는 것이 편집숍의 역할"이라고 했다. 그러면서 '백(百)화점'과 대비해 편집숍을 '십(十)화점'이라 칭했다.

열 가지만 있어도 좋으니 괜찮은 물건이 있는 곳에 가고 싶다. 사람들이 편집숍에 가는 이유다. 그러다 보니 편집숍의 성패는 물건의 선별 기준에서 갈린다. 어떤 물건을 어떤 기준으로 선별해 어떤 방식으로 보여줄 것인가. 이 과정에서 편집자의 안목과 취향이 결정적 역할을 한다.

눈 밝은 업계 선수들의 참새 방앗간

2013년 서울 신사동 가로수길에 처음 문을 연 라이프 스타일 편집숍 '챕터원'은 편집자의 안목이 탁월한 상점으로 손꼽혔다. 집에 놓을 괜찮은 리빙 제품이 필요할 때 챕터원에 가면 뭔가 괜찮은 물건이 있을 것이라는 막연한 기대를 갖게 했다.

가로수길의 '챕터원 셀렉트'는 그동안 서울에서는 볼 수 없었던 신선한 감각의 공간이었다. 당시는 북유럽 인테리어가 국내 리빙 시장 트렌드를 이끌었던 시기였다. 깨끗한 흰 벽에 단순한 형태의 원목 가구, 알록달록하면서도 아기자기한 리빙 소품을 매치하는 방식이 세련된 스타일로 여겨졌다. 그러나 챕터원은 북유럽 분위기에 편승하는 대신, 다른 방식의 리빙 스타일을 제안했다. 브루클린의 이름 없는 작가가 만든 독특한 인형을 가져다 놓고, 국내 제작 공장과 직접 작업해 만든 마블 무늬 대리석 트레이를 소개했다. 국내 공예 작가의 만듦새 좋은 그릇이나, 당시에는 쉽게 볼 수 없었던 아시안풍 소품 등도 이채로웠다. 무심한 회색 콘크리트 벽에 식물이 무성한 인테리어도 색달랐다.

곧 눈 좋은 업계 선수들에게 챕터원은 지나칠 수 없는

참새 방앗간이 됐다. 챕터원에 가면 뭔가 새롭고 좋은 것이 있다는 입소문이 났다.

챕터원스럽다? 챕터원스럽다!

2016년에는 서울 성북동에 '챕터원 꼴렉트'를 냈다. 고급 주택가의 차고를 빌려 만든 시원한 층고의 공간에는 고급스러운 이탈리아 가구부터 당시 국내 리빙 시장에서 쉽게 볼 수 없었던 브라질 가구와 남미와 아프리카에서 온 이국적인 소품들이 자리를 잡았다. 챕터원의 히트 상품이었던 페르시안 러그 사이로, 양병용 작가의 소반 같은 모던한 한국의 소가구들이 뒤섞였다. 다양한 분위기의 가구와 소품 등이 절묘하게 어우러진 공간이었다. 가로수길 셀렉트와 성북동 꼴렉트는 현재 문을 닫았지만, '챕터원스럽다'는 기준을 제시한 장소이자 챕터원이라는 플랫폼의 시작이었다.

아시아의 무릉도원 — 예사롭지 않은 시도들

챕터원의 진면목을 보여주었던 매장은 2018년에 문을 연 잠원동의 '챕터원 에디트'다. 오래된 여관 자리에 들어선

4층짜리 건물은 온통 '챕터원스러운 것'으로 가득 차 있다. '아시아의 무릉도원'이라는 콘셉트에 맞게, 무성한 가지를 내려뜨린 원시적 느낌의 식물과 수석, 박제 등이 어우러진 공간에는 아시아 각 지역에서 만들어진 토기와 불상 등 수공예 작품이 놓였다.

판매되는 제품의 면면도 예사롭지 않았다. 나무의 질감을 그대로 느낄 수 있는 손수 제작된 가구와 우리나라 전통 기법으로 옻칠 된 쟁반 등 90퍼센트 이상이 한국의 작가들이 만든 수공예품이었다. 국내외 공예 작가들의 작품을 기획 전시하는 4층은 갤러리로 기능했다. 약 2년간의 개발을 거쳐 챕터원만의 향도 만들었다. 쑥과 깻잎, 소나무 등의 향이 조합된 챕터원의 시그너처 향은 공간을 감각적으로 채웠다. 챕터원 에디트는 여느 국내 리빙 편집숍에서는 볼 수 없는 과감한 시도가 독보적인 곳이다.

번짐과 스밈

2020년 3월에는 서울 한남동 고급 주거 단지인 나인원 한남에 '챕터원 한남점'이 문을 열었다. 기존 챕터원에서 힘을 약간 뺐다. 도심의 아파트에 사는 사람들이 주된 고객이다. 챕터원의 컬러가 옅어진 대신 제안하는 물건의 폭은 더 넓어졌다. 의류와 주얼리, 가구와 조명, 독특한 질감의 수공예품이 어우러졌다.

한남점은 '현재 서울에서 가장 세련된 의식주를 제안하는 공간은 여기'라는 자신감이 묻어나는 공간이다. 가로수길 첫 챕터원 이후 7년. 어느덧 무르익은 챕터원의 기획력이 안정적으로 구현된 매장이라 할 수 있다.

돌이켜보면 챕터원이 제안했던 많은 것들이 국내 리빙 시장에서 유행했다. 이국적이면서도 복고적 분위기를 자아내는 페르시안 러그나 마블 무늬 대리석 트레이 같은 제품 단위의 유행은 물론, 리빙 시장에서 소반이나 유기그릇 같은 한국 공예품이 주목받는 새로운 흐름도 만들었다. 챕터원이 제안했던 식물 인테리어는 이제 어디에서나 볼 수 있는 트렌드가 됐다. 그렇게 챕터원은 서울 사람들에게 세련된 라이프스타일을 구체화해 보여주는 공간이 되었다.

요즘 챕터원의 고민은 한국적 라이프스타일의 정체성이다. 단순히 리빙 업계에서 유행이나 흐름을 만드는 것을 넘어, 무엇이 한국적인 것인지, 어떤 것이 한국적이면서 아름다울 수 있을지를 고민하고 있다. 자연스레 최근에는 숍을 내는 것보다 전시나 프로젝트에 집중하고 있다. 경주 요

석궁에서 고급 한식 다이닝을 재현하며, 식문화에 깃든 한국적 라이프스타일을 현대적으로 재해석하기도 했다. 챕터원을 통해 소개했던 한국 공예 작가들과 함께, 한국의 디자인과 공예, 나아가 라이프스타일을 알리겠다는 목표가 생겼다. 챕터원이 한국의, 서울의 세련된 라이프스타일을 보여줄 수 있는 통로가 되고 싶다고 생각한다.

셀렉트 + 꼴렉트 + 에디트

첫 매장이었던 가로수길 셀렉트는 당시의 우리 취향을 고스란히 담은 숍이었다. 아무래도 가로수길은 젊은 사람들이 많이 지나다니니까, 세련된 2030이 집을 꾸민다면 이런 것들이 필요하지 않을까 생각해 품목을 구성했다. 3년이 지나고부터는 고가 가구에 눈을 돌리기 시작했다. 고급스러운 이탈리아 가구나 브라질 가구를 들여와 성북동 꼴렉트를 냈다. 그즈음부터 우리나라 공예가들과 본격적으로 리빙 제품을 만들기 시작했다. 손으로 만든 물건 위주의 매장을 내고 싶어서 잠원동에 에디트 매장을 냈다. 한남점은 복합적인 공간을 상상했다. 어떤 연령대도 부담 없이 들 수 있는 매장이다. 그동안 리빙에 치우쳐 있었다면, 한남점은 패션이나 음식까지 아우르는 보다 복합적인 라이프스타일을 보여줄 수 있는 공간으로 꾸몄다. 분위기도 밝다. 사실 그 전 매장들은 톤이 많이 다운되어 있어서 어떤 고객으로부터 "귀신 나올 것 같다"는 말을 듣기도 했다. 중요한 것은 지역성이다. 복합적이긴 하지만 한남점을 찾는 고객은 30~40대 위주로 형성되어 있다. 가로수길보다는 연령대가 높고, 성북동보다는 낮다. 또 소득이 높고 외국 경험이 많은 분들이 많아 그런 고객들이 한국에서 봤으면 하는 것이 무엇일까 고민했다.

VMD와 전시기획자

[김가언 대표] 패션 회사에서 VMD(비주얼 머천다이저)로 10년 이상 일하면서도 옷보다는 윈도를 꾸미는 등 공간에 대한 관심이 많았고 그에 관한 자료 조사를 엄청나게 많이 했다. 퇴사하고 뭘 할 수 있을까 고민했을 때 해외에 출장 가면 들르는 인테리어 숍을 해보면 어떨까 막연하게 생각했다. 항상 공간을 연출하는 일을 하다 보니 제품을 그냥 진열하는 것은 재미가 없었다. 제품의 매력이 극대화될 수 있도록 드라마틱한 공간을 연출하는 방식을 떠올렸다.

[구병준 대표] 산업디자인을 전공한 후 갤러리에서 전시 기획을 했다. 10년 전만 해도 갤러리는 일반인이 잘 안 가는 고급 예술을 취급하는 곳이었다. 하지만 갤러리 전시 기획을 하면서도 일상에서 쉽게 접근할 수 있는 예술적인 일을 해보고 싶다는 마음이 있었다. 갤러리 같은 리빙숍을 해보면 어떨까 생각했다.

브랜드를 지우다

지금도 많은 편집숍이 브랜드를 내세운다. 하지만 우리는 오히려 브랜드를 감추고 챕터원이라는 하나의 공간을 구성하는 데 집중한다. 브랜드마다 원래 보여주려고 하는 세계관이 있는데, 우리는 챕터원만의 새로운 그림을 그리길 원했다. 퍼즐을 다시 맞추는 셈이다. 한남점에만 약 200개의 브랜드가 모여 있다. 이 브랜드를 하나씩 세세하게 설명할 필요가 있을까. 우리가 만든 하나의 큰 이미지로 보여주고 싶었다.

챕터원에 놓인 제품들은 우리가 집을 꾸밀 때 놓고 싶은 것들이다. 실제로 우리집에는 누구나 알 만한 유명한 것은 없다. 주로 해외 어느 편집 매장의 구석에 숨어 있는 멋진 것들을 가져와서 집을 꾸몄다. 챕터원을 처음 열 때는 집에 있는 제품의 브랜드가 뭔지 보고 수입해 왔던 것 같다. 그러니까 그냥 우리 취향의 물건들이다. 사실 대중적인 취향과는 거리가 멀다. 가로수길 챕터원 매장을 낼 때만 해도 북유럽이 대세였다. 돈을 벌려면 우리도 북유럽 브랜드로 구성해야 했는데 잘 팔린다는 이유만으로 우리 취향이 아닌 것을 가져다 놓을 순 없었다. 그랬더니 오히려 차별점이 생겼다.

브루클린 벼룩시장의 인형 하나

이미 검증받은 물건을 좋다고 제안하는 것은 누구나 할 수 있다.

저평가된 좋은 것을 가져와서 새롭게 알리고 싶었다. 챕터원 가로수길 매장을 내기 바로 전에 브루클린에 갔다가 벼룩시장에서 인형을 하나 발견했다. 어떤 흑인 여성이 자신의 아이가 그린 그림을 인형으로 만들어 파는 것이었는데 참 예뻤다. 너무 안 팔려서 이것만 팔고 끝낸다는 그분에게 명함을 주고 있는 물건을 다 받아왔다. 나중에 챕터원에서 그 인형이 너무 잘 팔려서, 이후 그 작가는 공장을 다시 돌리게 되었다고 한다.

브랜드나 명성이 있다고 무턱대고 가격을 높여서 파는 것을 그동안 너무 많이 보았다. 개인이 정성 들여 만든 좋은 물건이 많은데 브랜드가 없다는 이유로 판매처를 찾지 못해 사라진다. 그런 제품들을 소개하고 싶다.

리빙=수입품?

직접 제작하는 상품도 많다. 50퍼센트가 넘는다. 우리가 만들고 싶은 챕터원스러운 이미지를 위해 열 개의 아이템이 필요하다면, 두 개는 기존 물건에서 가져올 수 있는데 여덟 가지는 사실 구하기 어렵다. 그러면 국내 공장이나 디자이너, 공예가 들과 협업해서 만든다. 처음 가로수길 매장부터 그런 생각을 했다. 당시만 해도 리빙 제품을 수입하지 않고 직접 제작해서 판매하는 매장은 거의 없었다. 한국 리빙 시장에서 적용하기가 굉장히 어려운 사업 모델이었다. 그래도 시도는 꾸준히 했다.

200명의 공예가와 미팅

완결된 작품을 내는 작가들도 있지만, 같이 얘기해가면서 풀어내면 결과물이 훨씬 좋아지는 경우도 많다. 젊은 작가들이 특히 그렇다. 챕터원을 준비하면서 거의 200여 명의 공예가와 미팅을 했다. 미팅을 시작하는 데 1년이 걸리고, 소통하면서 제품을 완성하는 데 2년이 걸린다. 그런 지난한 과정을 여러 번 반복했다. 시간이 지나니까 그 과정이 조금씩 수월해졌다. 우리처럼 작업하는 곳이 하나둘 늘어나면서 시장은 커졌다. 잠원동 챕터원 에디트는 90퍼센트 이상이 한국 작가의 작품이다.

발견과 다듬기

공예진흥원이나 공예박물관 일을 같이 하고 있어서 젊은 작가를 만날 기회가 꽤 잦다. 신문이나 인터넷에 나온 정보도 유심히 본다. 괜찮은 작업물이 보이면 지방이든 시골이든 바로 가서 만난다. 발견하는 것도 중요하지만, 함께 만들어가는 것도 중요하다. 어떤 작가가 만든 결과물이 처음에는 마음에 딱 들지 않아도 가능성을 본다. 같이 얘기해가면서 결과물을 다듬으면 몇 년 후에는 분명 더 괜찮은 결과물이 나온다. 같이 작업해왔던 작가들이 이제 유명 작가가 되었다.

우리나라의 공예품은 일본과 비교하면 저평가되어 있다. 우리가 그런 분위기를 바꿀 수 있다고 생각했다. 국내 작가들의 양성에 책임감을 갖고 숍을 꾸려왔다. 돌이켜보면 그런 노력이 챕터원을 특별하게 만들어준 것 같다.

유행과 뚝심

한국은 유행의 주기가 굉장히 빠르다. 절대로 그 흐름을 다 맞출 수가 없다. 오히려 유행을 피하고 길게 보면서 좋은 제품과 스타일을 제안했을 때 결과도 괜찮았다. 또 너무 한 가지 분위기에만 치우치지 않도록 경계했다. 심지어 남미나 아프리카 분위기까지 낼 수 있는 다양하고 독특한 아이템도 제안했다. 처음에는 상업적으로 안 풀릴 수도 있는데, 좋은 물건은 고객들이 끝내 알아본다. 고생스러워도 우리 취향의 제대로 된 물건들을 골라 오면 결국 어느 순간에는 주목받는다는 믿음이 생겼다.

좋은 물건과 잘 팔리는 물건의 차이

잘 팔리는 물건과 좋은 물건을 조율하긴 어렵다. 다만 시간이 필요한 것 같다. 예를 들어 브라질 가구를 꾸준히 제안했는데, 아직은 크게 반응이 없다. 몇 년 지나면 어느 순간 받아들여질 것 같다. 좋다는 확신이 있다면 꾸준히 제안하는 것이 중요하다.

계속해서 설득하기

　　단발성 비즈니스는 하고 싶지 않다. 길게는 20년까지 해야 하는 일인데 어떻게 지속 가능하게 할 수 있을까 고민한다. 해외의 유명하다는 편집숍을 보면 특징이 있다. 모두 오래됐다. 우린 나중에야 가보고 어떻게 이렇게 멋있게 하나 감탄하는데, 결국 시간이 만든 매력이다. 오픈하고 반짝 잘되는 것보다 우리 색을 가지고 오래 유지할 수 있는 숍을 만들어야 한다. 초반에는 낯설게 느끼더라도 우리가 좋아하는 것을 꾸준히 설득해야 한다. 새로운 스타일을 제안할 때는 2~3년 정도를 내다본다. 그때쯤이면 이 스타일이 받아들여지지 않을까? 그런데 한국 소비자들은 빠르다. 거의 6개월 정도 지나면 반응이 온다. 챕터원을 시작한 지 이제 거의 10년이 다 되어가는데도 우리가 꿈꾸는 숍에는 아직 미치지 못했다. 계속 만들어가는 중이다. 사실 공급자와 소비자의 합도 중요하다. 공급자가 혼자 뛰어난 것을 제안한다고 되는 일이 아니다. 소비자도 받아들일 준비가 돼야 한다. 한국 리빙 시장이 더 성장하고 소바자도 더 많이 사고 써보면 달라지지 싶다.

한국형 라이프스타일 숍

　　갤러리에서 일할 당시, 외국 손님이 한국에서 특별한 공간을 가고 싶다고 할 때가 가장 난감했다. 경복궁이나 강남역 사거리보다 우리만의 정체성을 갖춘 세련된 숍이나 공간을 보여주고 싶었는데 당시만 해도 없었다. 외국인이 왔을 때 이것이 요즘 한국 사람들의 라이프스타일이라고 보여줄 수 있는 곳이 됐으면 했다. 해외에서 좋은 리빙 편집 매장은 많이 봤지만 솔직히 따라 하고 싶지는 않았다. 한국에서 우리다운 것을 보여줄 수 있는 방법을 고민했다. 사실 한국형 라이프스타일을 정의하기란 어렵다. 그냥 보여줄 수밖에 없다. 잠원동 챕터원 에디트에 온 외국 사람들은 '그냥 여긴 한국 스타일'이라고 얘기하곤 한다. 중국도 아니고 일본도 아닌, 한국만의 독특한 감성이 느껴진다는 얘기다. 한국 사람들 스스로는 잘 모르는데, 그들은 직관적으로 아는 것 같다.

앞으로 서울은 어떻게 변화할까?

지금은 전 세계에서 서울이 제일 힙하다. 유럽은 늘 변함없이 똑같아서 이제는 큰 감흥은 없다. 반면 요즘 서울은 돌아다니다 보면 얻는 것이 정말 많다. 잘하는 선수들이 많다는 느낌이다. 일본 디자이너들이 팀을 짜서 카페나 레스토랑, 리빙숍 위주로 서울 투어를 할 정도다. 특히 연희동이나 성수동 뒷골목에 작지만 독보적인 깊이의 취향이 묻어나는 공간들이 많다. 다행히 라이프스타일에 관심이 많은 젊은 친구들이 많아져서 이런 공간들이 어느 정도 유지는 되는 것 같다. 소비층이 점차 두터워지고 있다. 외국 도시에 가면 늙어간다는 느낌이 강한데, 서울은 점점 젊어진다. 해외에 사는 지인들도 5년 전과 비교하면 서울이 정말 볼 것이 풍성해졌다고들 한다. 물론 아직은 과도기다. 지금은 다양한 것을 시도하는 단계다. 아직은 검증의 시간을 1~2년 정도 더 거쳐야 한다고 생각한다. 망하고 새로 생기고 이런 과정들이 조금 더 반복되면 좀 더 분명한 서울 스타일이 생길 것 같다.

코로나19와 리빙 시장

오히려 매출이 올랐다. 집에 대한 관심이 많아졌고, 이사 등의 재정비가 많았다. 여행을 못 가니까 집에서 기물을 바꾸면서 기분 전환을 하는 사람들이 많았다. 온라인 매출이 특히 많이 올랐다. 리빙 온라인 시장에서 기회를 보게 되었다. 리빙 시장은 확실히 성장세다. 라이프스타일에 관심이 높고, 하이엔드 리빙까지 확장되는 분위기다. 디자인 제품도 사고 갤러리에서 작품도 산다.

플랫폼

가로수길의 챕터원 셀렉트와 성북동의 챕터원 꼴렉트는 문을 닫았다. 대신 현대백화점 압구정 본점과 여의도 더현대 서울에 오프라인 매장을 열었다. 이제 새로운 공간을 여는 것은 큰 의미가 없다고 생각한다. 그보다는 챕터원이라는 플랫폼을 어떻게 활용할 수 있을지 고민하고 있다. 챕터원은 처음부터 브랜드가 아니고 플랫폼이었기 때문에 성공할 수 있었다. 다양한 리빙 스타일과 작가들과 제품이 거쳐가는 플랫폼이었다. 무엇보다 리빙 시장에서 한국 작가들의 작품을 선보일 수 있었던 창구였다는 데 자부심이 있다. 이런 챕터원스러움을 다방면으로 연결시키고 싶다.

경주, 하우스 오브 초이

가장 최근에는 경주 최부잣집의 마지막 후손이 운영하는 한식집 '요석궁'을 리뉴얼하고, '이스트 1779' 카페, 최부잣집 고유의 술 '대몽재 1779' 등을 재정비해 선보였다. 워낙 손님이 많아 늘 손님 대접을 해야 해서 최부잣집 내림 음식으로 한식집을 운영했는데, 장점을 제대로 발휘하지 못하는 것 같았다. 음식 하나하나 맛은 좋은데, 다 먹고 나면 무엇을 먹었는지 잘 모르겠는, 지방색 강한 오래된 한식집이었다. 최재용 대표의 요청으로 약 7개월 동안 재정비를 했다. 최부잣집 내림 가양주인 대몽재로 칵테일을 만들어 식전주로 하고, 경주 고유의 식재료를 살린 에피타이저를 냈다. 계절에 따라 재료가 바뀌는 솥밥과 국, 최부잣집의 내림장으로 만든 반찬들로 정갈한 한 상에 이어 후식으로 마무리되는 한식 다이닝 코스가 만들어졌다. 음식과 식기, 인테리어와 스토리까지 매만져 하나의 맥으로 이어지도록 했다. 한국 고유의 라이프스타일을 보여준다는 점에서 챕터원스러움을 표현하는 또 하나의 프로젝트였다.

한국의 공예와 라이프스타일

한국의 리빙 스타일이 이렇다는 것을 해외에 보여주고 싶다. 한국 음식이나 음악이 성공했듯이 한국의 디자인, 공예, 라이프스타일을 알리고 싶다. 이 분야에서 일본이나 중국은 많이 알려졌는데 아직 한국에 대해서는 잘 모른다. 숍 형태보다는 공간이나 전시 기획 등의 기회를 엿보고 있다. 코로나19를 거치면서 모든 방면에서 한국의 인지도가 높아졌다. 국내 작가들에 대한 관심이 무척 높다. 제일 먼저 뉴욕에서 국내 작가들의 전시를 하게 될 것 같다.

밀리언 아카이브

정은솔

그러니까 이 모든 것은 기획의 힘

아직 개발의 훈풍이 불지 않은 북성수 끝자락은 성수동 하면 으레 떠올렸던 소규모 공장이 여전히 살풍경하게 펼쳐져 있는 지역이다. 옷가게가 어디에 있을까 찾기도 전에, 20대 젊은 여성들이 삼삼오오 모여 어느 골목으로 향하는 것을 볼 수 있다.

밀리언 아카이브는 옷가게다. 여느 옷가게와 다른 점은 남다른 연식을 자랑한다는 점이다. 이곳에서 판매하는 옷은 못해도 30년, 대부분은 50년 이상의 세월을 거쳤다. 주로 1970~1980년대 미국과 유럽에서 판매되던 옷들이 바다를 건너 이곳 성수동에 당도해 있다.

행거를 따라 쭉 걸려 있는 옷의 면면이 요즘 옷과는 참 다르다. 색색의 화려한 옷부터 범상치 않은 패턴의 옷, 탄탄한 데님에 부드러운 플란넬, 하늘하늘한 실크까지, 다양한 소재와 디자인의 총출동이다. 감히 셀 수도 없을 만큼 많은 옷들이 기세 좋게 줄지어 걸려 있다. 제각기 개성이 뚜렷한, 모두 다른 옷이다. 이곳의 옷 재고는 단 한 벌. 누군가가 선택하면 그 옷은 못 사는 옷이 된다. 밀리언 아카이브라는 가게 이름이 이제야 납득이 된다. 실로 백만 가지의 수집이자 기록이다.

브릭레인 마켓으로부터

밀리언 아카이브 정은솔 대표는 어린 시절부터 빈티지 의류 마니아였다. 대학에서 시각디자인을 전공하고 아이돌 가수의 앨범 재킷과 팸플릿을 디자인하는 일을 하면서도 삼청동 노점에서 행거 하나에 빈티지 의류를 걸어놓고 팔았다.

오래된 영화 속 여주인공들이 입고 있는 옷을 사랑했던 20대 여대생은 차도 없이 광역 버스를 타고 경기도 외곽의 빈티지 옷가게를 돌면서 수집한 옷을 대봉(큰 봉투. 작은 봉투는 '짤봉'이라고 한다)에 가득 담아 서울로 날랐다. 생활비를 벌기 위해서라는 목적도 있었지만, 그 수단이 자신이 좋아하는 빈티지 옷이었기에 가능한 열정이었다. 노점에서 행거 하나에 진열했던 옷은 이제 성수동의 너른 창고형 매장을 가득 채운다.

지금의 밀리언 아카이브의 형태는 대학 시절 들렀던 런던의 브릭레인 마켓에서 구상했다. 빈티지 마켓의 성지이자, 자유로운 기운이 가득했던 그곳에서 정 대표는 지금 하고 있는 일들의 대부분을 구상했다고 회상한다. 예술가와 상인이 한데 섞여서 좌판을 깔고 장사하는 그곳에서 6개월을 버텼다. 한국에서 캐리어 가득 공수해 간 빈티지 의류와 동대문 도매상가에서 떼어 간 액세서리 등을 판매했다.

자신이 좋아하는 것들을 자유롭게 사고파는 마켓에 대한 꿈은 그때부터 시작되었다. 이왕이면 여성 창작자들이 한데 모여 자유를 발산할 수 있는 공간을 만들고 싶었다. 브릭레인 마켓처럼, 소규모 브랜드나 작가가 모일 수 있는 공간을 만들고 싶었다. 일단 너른 공간이 필요했기에 성수동에 자리를 잡았다. 지금의 밀리언 아카이브는 그 꿈의 1단계쯤에 위치한다.

사실 빈티지 의류를 판매하는 곳은 많다. 가깝게는 서울 한복판의 동묘역 앞에만 가도 흔히 '구제'라고 불리는 빈티지 옷들이 첩첩이 쌓여 있다. 최근에는 중고 의류의 환경적 가치가 재조명되면서, 빈티지 의류를 취급하는 곳이 더 많아졌다. 남양주 등 서울 외곽에 위치한 창고형 빈티지 의류 매장을 찾는 젊은이들도 많다.

수만 개의 취향을 팔다

그중에서 밀리언 아카이브의 존재는 독보적이다. 빈티지 의류를 판매하는 국내 매장 중 제대로 된 브랜딩을 보여

준 거의 첫 사례이기 때문이다. 밀리언 아카이브는 산더미처럼 쌓아놓은 옷들의 기세에 눌려 제대로 들춰보지도 못하고 두 손 들고 나오는 기존의 빈티지 의류 매장의 방식을 따르지 않았다. 이왕이면 빈티지 의류를 처음 접하는 이들도, 한 번쯤 호기심에 구매할 수 있도록 정돈된 진열을 고수한다. 상설 매장이지만, 마치 팝업 매장처럼 일정 기간 동안 한 종류의 옷만을 파는 방식도 밀리언 아카이브만의 특징이다. 원피스 숍, 니트 숍, 블라우스 숍 등 특정 기간 동안 한 종류의 옷들만 판매하는 방식은 조금 더 사용자 친화적이다.

매년 크리스마스에는 '어글리 스웨터 숍'을 연다. 못생긴 디자인의 스웨터를 입고 크리스마스 파티를 즐겼으면 하는 바람에서다. 연말의 들뜬 분위기에 이끌려 친구들끼리 어글리 스웨터를 장만하러 밀리언 아카이브를 찾는 이들이 많은 시즌이기도 하다. 흉내만 낸 못생긴 스웨터가 아니라, 정말 옛날 할머니 옷장에서나 볼 수 있었을 법한 '찐'으로 못생긴 니트들이 보석처럼 숨어 있다. 이런 보석들을 하나하나 들춰보며, 이곳에서 사람들은 추억을 쇼핑한다.

옛날 사진첩에서 막 꺼낸 듯한 빛바랜 홍보 사진도 밀리언 아카이브만의 트레이드 마크다. 젊은이들이 많이 찾는 밀리언 아카이브의 홍보 일등 공신은 트위터와 인스타그램이다. SNS에 올라가는 감각적인 사진들은 모두 정은솔 대표의 작업이다. 최근에 시작한 손님들의 화보 사진은 그중에서도 독특한 개성을 품고 있어 눈길을 끈다. 실제 밀리언 아카이브를 찾는 손님들을 섭외해 옷을 입혀 촬영한 사진들이라고 한다. 친구이거나 커플이거나 혹은 가족인 이들은 기꺼이 밀리언 아카이브의 얼굴이 된다.

밀리언 아카이브에서는 현재 한 달에 만 벌 이상의 빈티지 의류가 판매되고 있다. 그저 하나의 재고로 창고에서 먼지를 뒤집어쓰고 쌓여 있었을 법한 옷들이, 약 50여 년의 세월을 거쳐 이곳 서울에서 새로운 주인을 만난다. 누구도 관심 갖지 않았을 촌스러운 옷들이, 2023년 누군가의 SNS에서 존재감을 과시한다. 많은 빈티지 숍이 있지만, 그중에서도 밀리언 아카이브가 특별한 이유. 그러니까 이 모든 것은, 모두 기획의 힘이다.

나만의 특별함을 풀어내는 방식

오래된 옷 특유의 느낌이 좋았다. 옛날 독립영화나 프랑스 영화 속에 나오는 그런 옷들 말이다. 아니면 엄마의 옛날 사진첩에서 볼 수 있었던 그런 옷들이다. 그런 옷의 재질이나 소재, 느낌, 디자인, 스타일 이런 것이 늘 인상적이었다. 처음 광장시장에서 빈티지 의류 매장에 들렀을 때 천국을 보는 것 같았다. 어떻게 이런 옷들이 있지? 보세나 브랜드 옷만 입다가, 완전히 취향을 저격당했다. 어렸을 때부터 특별해지고 싶다는 생각이 남달랐던 것 같다. 나는 그 바람을 빈티지로 풀었다. 유일하면서도 자유로운 느낌. 나만 입을 수 있는 옷. 남들이랑 같아지고 싶지 않았다. 빈티지 의류를 알고 즐겨 입으면서, 내가 살 수 있는 범위에서 가장 좋은 디자인 퀄리티를 가진 옷이 아닐까 생각했다. 빈티지는 새 옷이 아닌 헌 옷이니까 일단 저렴하다.

대학 때도 항상 빈티지 옷만 입고 다녔다. 워낙 관심이 많다 보니 자연스레 빈티지 의류를 팔아보자는 수순으로 갔다. 스무 살 때

삼청동 노점에서 행거 하나를 걸어놓고 팔다가 위쪽 가게들이 신고를 해서 구청에서 가져간 옷이며 집기를 울면서 받아왔다. 이 일을 계기로 온라인에서 판매하는 방식으로 바꾸고, 나중에는 경험이 쌓여 '에이랜드' 같은 의류 리테일 숍에 납품도 하게 됐다.

경험이 영감을 부른다

런던은 빈티지 천국이다. 브릭레인 마켓을 알게 된 후부터 꼭 가보고 싶었다. 몇 달을 벼르고 돈을 모아서 그곳을 찾아갔다. 한 6개월 정도 머물렀던 것 같은데, 체류비를 벌기 위해 빈티지 의류를 판매했다. 한국에서 캐리어에 가득 가져간 빈티지 옷을 팔다가 나중에는 동대문 도매 사이트에서 해외 배송으로 보내주는 주얼리를 가지고 장사했다. 그러면서 한국 패션 상품의 퀄리티가 꽤 좋다는 것을 알게 되었다. 그 외에도 당시에 정말 많은 것을 배웠다. 아마 밀리언 아카이브를 운영하는 방식의 대부분이 그때의 경험에서 나왔을 것이다. 빈티지 의류를 브랜딩 된 마켓 형태로 열고 싶다는 구상도 그때 했다. 폐건물 같은 곳에서 다양한 사람들이 섞여서 문화를 만들어가는 모습도 신선한 충격이었다. 성수동에 여성 창작자들이 모여서 뭔가를 판매하는 공간을 만들고 싶다는 최종 목표도 그때 생겼다.

파이프라인

디자인 외주 작업을 해서 번 150만 원 정도의 돈으로 시작했다. 이름에는 '수집한다'는 개념이 들어갔으면 했다. 한 아이템을 한 점 씩 모아서 한번에 많이 보여준다는 것은, 마치 나만의 수집품을 보여 주는 것 같았다. 빈티지 의류뿐 아니라 다른 아카이브도 가능하겠다 는 생각이 들었다. 예를 들어 '창작자 아카이브'처럼 확장성이 있는 이름이다.

처음 연 마켓은 스웨터 숍이었다. 친구들과 26제곱미터(약 8평) 정도 되는 작은 공간에서 스웨터 수백 벌을 가져와 팔았다. 이틀 만 에 동이 났다. 당시에 트위터로 홍보를 많이 했는데, 실시간 검색어 에 뜰 정도로 호응이 뜨거웠다. 그때는 돈을 벌기보다 재미로 하다 보니 정말 싸게 팔기도 해서 반응이 더 좋았던 것 같다. 그래도 가격 표도 만들고, 나름대로 예전부터 구상했던 몇 가지를 실현했다. 스웨 터면 스웨터, 원피스면 원피스. 이렇게 테마를 잡아 마켓을 열었다. 한번에 받는 양이 많을수록 가격이 떨어지는데, 한 종류로 매입을 하 면 훨씬 많은 양을 받을 수 있기 때문이다.

광장시장에서 내가 괜찮다고 생각하는 옷들을 골라서 판매하기 도 했고, 경기도 외곽에 있는 창고에 들러 대봉으로 몇 개씩 사와서 판매하기도 했다. 고생이라는 생각은 안 했다. 너무도 재미있는 일이 었다. 지금은 경험이 쌓이고 업력이 생기면서 먼저 납품하겠다는 곳

도 있고, 해외의 큰 도매상에 제안을 넣는 것도 쉬워졌다.

제안도 많이 들어온다. 지난 연말에는 '더현대 서울'에서 한 달 정도 팝업 매장을 열었다. 백화점에서 중고 의류를 판매한다는 것이 신선했고 또 재미있었다. 크리스마스 시즌이라 분위기를 내기도 좋았고, 매출도 괜찮았다.

어글리 스웨터 1만 벌

밀리언 아카이브가 이렇게 잘될 줄 몰랐다. 솔직히 장사가 되는 것도 신기했다. 그러면서 사람들의 취향은 생각보다 참 다양하다는 것을 알게 됐다. 크리스마스 시즌에 어글리 스웨터를 팔아서 SNS에서 유명세를 탔는데, 사실 어글리 스웨터는 거래처에서도 아무도 가져가지 않는 옷이었다. 아무도 안 가져가는 옷을 한데 모아서 기획을 더해 팔았을 뿐인데, 컨테이너를 꽉 채워 거의 1만 벌을 팔았다.

예전에 빈티지 옷을 사러 가면 정리가 되어 있지 않아서 좋은 옷을 골라내기가 너무 어려웠다. 또, 뭐가 뭔지 잘 모르는 상태에서는 옷의 가격을 두고 주인에게 휘둘리는 느낌을 받기도 했다. 이런 단점을 보완해 시스템을 만들면 승산이 있겠다는 생각이 들었다. 밀리언 아카이브의 주요 고객은 20대다. 기획들이 재미있고, 가격도 저렴하다 보니 신기해서 많이 들러주는 것 같다. 고무적인 사항은 빈티지 마니아들만 오는 것이 아니라, 빈티지를 모르는 분들도 찾고 있다는 점이다. 빈티지 의류를 취급하면서 문턱을 낮추고 접근성을 높이고 싶었던 나만의 작은 목표가 있었는데 일부는 이룬 셈이다.

젊은 세대는 다르다

기성세대는 중고 의류에 대한 거부감이 있는 편이다. 남이 입던 옷을 입는 것을 터부시하는 경향도 있다. 하지만 젊은 친구들의 경우 중고나 구제 의류에 어린 시절부터 많이 노출되고 훈련되어 있어서 빈티지를 하나의 장르로 받아들인다. 결핍을 모르고 자란 세대라서 오히려 중고 제품을 있는 그대로의 가치로 받아들이는 경향도 있는 것 같다. 지금 밀리언 아카이브에서 판매되는 옷들은 50년도 더 된 것들이다. 자기들보다 더 먼저 태어난 옷인데, 이런 옷을 보면서 신선함을 느낀다.

착해서가 아니라 좋고 예뻐서

중고 의류의 환경적 가치가 재조명되면서 빈티지 의류에 대해 좋게 해석해주는 분들도 많다. 당연히 순환 패션에 대해 긍정적으로 생각하지만 의무감을 느끼게 하고 싶진 않다. 어떤 부채감 같은 느낌을 쥐어주고 싶은 마음도 없다. 그냥 빈티지가 좋고 예뻐서 소비했으면 한다. 다른 옷가게처럼 패셔너블한 곳으로 보여지길 원하고, 더 많은 사람들이 찾아와서 결과적으로는 환경에도 도움이 되는 방향으로 가고 싶다. 밀리언 아카이브에 와서 빈티지에 '입덕'했다는 후기가 정말 기분 좋다.

일과 재능

대학에서 시각디자인과를 다녔는데, 정말 예술적 감각을 가진 친구들이 많았다. 나는 그 사이에서 열등감을 느끼기도 했던 것 같다. 그런데 그 친구들에게 없는 상업적 감각이 나한테 있었다. 예술과 상업의 경계선에서 할 수 있는 일을 찾아보려고 했다. 너무 어렵거나 또 너무 대중적이지 않은 '적당한 선'을 구현하려는 노력이 밀리언 아카이브에 도움이 된 것 같다. 하고 싶지 않은 일은 하지 않는, 대신 하고 싶은 일에 몰입하는 성향도 한몫했다. 초창기에는 SNS 피드를 하나 올릴 때에도 톤이 완벽해 보이지 않으면 삭제해버렸다.

톤과 매너

성수동은 유동인구가 많은 곳은 아니다. 여길 찾는 분들은 거의 100퍼센트 SNS를 보고 온다. 때문에 SNS를 꾸려가는 것이 굉장히 중요한데, 톤 앤 매너(Tone & Manner)를 잃지 않으려고 한다. 밀리언 아카이브를 모르는 사람들도 피드를 보면 어떤 분위기와 느낌을 추구하는지 직관적으로 알 수 있도록 계속 아카이빙을 하는 방식으로 운영하고 있다. 당장 하나 올리는 정보성 피드보다는 우리만의 색을 보여줄 수 있는 콘텐츠를 쌓고 있다. 지금은 인스타그램 팔로워가 6만 명에 이르지만, 처음에는 '좋아요'가 20개 달리고 그랬다. 광고를 돌리기도 어려워서, 거의 지인들이 팔로우를 해줬던 것 같다. 그러다 어느 순간 탄력이 붙으면서 쭉쭉 올라갔다. 연예인들이나 셀럽들이 팔로잉을 해주고, 인플루언서가 촬영하고 싶다며 먼저 연락을 해오기도 했다. 우리만의 색을 유지하면서 계속했던 것이 비결인 듯하다. 누군가 처음 우리 SNS에 들어와서 쭉 살펴보면 우리가 누구인지 직관적으로 알 수 있게끔 만들었다.

나의 브랜드를 꼿꼿하게, 매출은 확장으로

상품의 70퍼센트 이상의 가격을 되도록 1만 원대로 유지하려고 한다. 객단가가 낮긴 하지만 편하게 와서 집어갈 수 있게 하는 것이 우리만의 특징인 듯하다. 매출은 브랜드 확장 등 다른 방식으로 하고 싶다. 순환 패션이 주목받고, 빈티지 의류에 대한 관심이 높아지면서 중고 의류 숍도 많이 생겨나고 있다. 처음에는 우리 시스템을 너무 대놓고 베끼는 것에 분하기도 했는데, 오히려 이 사람들과 다른 길을 계속 찾아야겠다는 생각이 발전의 동력이 되는 것 같다. 나만의 브랜드를 꼿꼿하게 가꿔가야겠다는 생각을 한다.

수천 개의 메모장

수천 개의 메모장이 있는데, 일을 하다 가끔 막히면 꺼내 본다. 특히 초반에 밀리언 아카이브를 하면서 적어두었던 내용이 도움된다. 사업도 계속하다 보면 관성이 생겨서 새롭게 시도하기 어려울 때가 많다. 초반에 기록한 톡톡 튀는 아이디어들을 찾아보는 편이다.

복각, 옛날의 좋은 감성을 재현하다

옛날 옷이 훨씬 질이 좋다. 촉감이나 패턴이 수놓인 형태나 디자인 같은 것을 살펴볼수록 그렇다. 옛날에 옷은 거금을 들여 사야 하는 것이었다. 그러다 보니 아무래도 몇천 원만 주고도 살 수 있는 지금의 옷들과는 질 차이가 현격하다. 심지어 실도 옛날 것이 더 좋은 것 같다. 요즘 옷들이 세련된 것 같지만, 어떻게 보면 쉬운 옷이다. 제작 공정을 알게 되니까 왜 요즘 옷들이 다 비슷해졌는지 알게 되었다. 옷의 가치가 달라져서 공정을 복잡하게 할 수가 없다. 어려운 옷을 만들고 싶어하는 공장이 없어 타협을 하게 된다. 좀 더 쉽게 갈 수 있는 디자인은 없을까 고민하는 식이다. 예전 옷을 살펴보면 패턴 작가가 따로 있어서 패턴을 만들어 원단부터 제작하는 경우도 많았던 것 같다.

빈티지 의류를 취급하다 보면 유난히 예쁜 디자인의 제품을 제작하는 몇 개의 회사들이 보인다. 브랜드명을 보고 지금도 살 수 있을까 싶어 찾아보면 거의 다 사라진 회사들이다. 당시만 해도 정말 큰 회사였을 텐데, 지금은 흔적도 없는 경우가 많다. 혹시 아직 상표권을 가진 사람이 있다면 당시의 디자인을 그대로 이어받아 리브랜딩 하고 싶을 정도로 매력적인 니트 회사도 있는데, 링크드 인(Linked in) 같은 곳에서 검색해서 메일을 보내기도 했지만 아직까지는 답장을 받지 못했다.

밀리언 아카이브가 만든 빈티지 복각 라인이 곧 출시될 예정이다. 빈티지 옷은 '닫힌계'다. 사업적 한계가 명확하다. 거의 1970년대, 1980년대 옷 위주로 구하는데, 이 옷들의 수는 한정되어 있다. 그런데 이마저도 빈티지 옷에 대한 수요가 높아지면서 점점 구하기가 힘들어지고 있다. 요즘 거래처에서도 1970년대 원피스는 정말 없다고 한다. 그래서 복각 라인을 만들어보면 어떨까 생각하게 됐다. 원단이나 패턴이 지금의 옷들과는 차이가 상당해서 디테일을 살려 복각하면 수요가 있을 것 같다. 마치 패턴을 손으로 그린 것과 같은, 빈티지 의류 특유의 원단도 최대한 복각해보려고 한다. 물론 곧 사라질지도 모르는 옛날의 좋은 감성을 재현해보고 싶다는 것이 가장 큰 목적이다. 작가들과 협업 형식으로도 준비하고 있다. 제작을 직접 해야 하다 보니 공정 등 따져야 할 부분이 많다. 원단부터 만들어야 하는데, 소량 제작이라 여의치 않은 면도 있다. 패션 디자인을 전공한 것도 아니고, 제작이 힘들 것도 알고 있어서 한 1년여 정도 고민하며 겁냈던 일이었다. 새롭게 뭔가를 시도해야 한다는 것은 아는데, 고생길이 훤하다 보니 그 고난의 길을 다시 걷기가 망설여졌던 것 같다. 프린트가 예쁜 빈티지 복각 원피스부터 시작해서 니트까지 선보일 예정이다.

한국에도 이런 공간이 필요하지 않을까?

아케이드 같은 공간을 만들어서 자본이 없는 여성 창작자들을 지원하고 싶다. 1인 브랜드도 좋을 것이다. 요즘 서울에는 세련되고 멋진 것은 많은데, 다양함이 아쉽다. 1인이 하는 미용실도 좋다. 의자 하나 놓고 마사지를 할 수도 있다. 요리하는 사람들도 있었으면 좋겠다. 캐리어를 끌고 와서 엽서를 팔아도 이상하지 않은, 자유롭게, 계속 변화무쌍하게 움직이는 공간을 만들고 싶다. '한국에도 이런 공간이 필요하지 않을까?' 하는 생각이 드는 공간을 만드는 것이 꿈이다.

보마켓

유보라

생활에 밀착하기, 지향을 제안하기

엄지손가락을 몇 번 놀리면 다음 날 새벽 집 앞으로 장바구니가 도착한다. 물류와 자본을 앞세운 플랫폼이 일상을 지배하면서 온라인 장보기와 새벽 배송은 익숙한 일상이 됐다.

그만큼 동네 생활은 건조해졌다. 골목마다 하나쯤 있었던 철물점과 문구점, 과일 가게와 책방 대신 편의점만 불을 밝힌다. 웬만한 물품은 모두 온라인으로 살 수 있다 보니 동네 가게는 생존의 기로에 선 지 오래다. 살아남은 것 자체가 성공이라고 할 수 있는 요즈음, 독특한 동네 가게 하나가 눈길을 끈다.

보마켓은 2014년 서울 용산구 소월로 남산맨션 1층에 문을 연 생활 밀착형 동네 슈퍼다. 100가구 남짓이 살지만 하나 있었던 슈퍼가 문을 닫자 생수를 한 병 사려고 해도 차를 타고 나가야 했다. 맨션 주민이었던 유보라·나훈영 대표가 바로 그 슈퍼 자리에 차린 상점이 보마켓의 시작이다.

그곳에 살고 싶다는 느낌을 주는 가게

33제곱미터(약 10평) 남짓의 작은 가게지만 보마켓은 단순한 슈퍼 이상이었다. 라면이나 참치캔, 우유 등 응당 슈퍼라면 있어야 할 필수품은 물론, 눈이 즐거운 패키지의 외산 치약이나 비누 등의 생활용품, 그릇 등의 디자인 제품까지, 그야말로 없는 것 빼곤 다 있는 재미있는 공간이 되었다. 매장 한편에서는 샌드위치나 떡볶이 등 간단한 음식도 판매했다. 슈퍼와 간이식당, 동네 사랑방 역할을 자처하는 곳이다.

문구점이나 꽃집 같은 동네 정취를 느낄 수 있는 장소가 점점 사라져 아쉬웠던 유보라 대표는 "단순히 물건을 사는 장소가 아니라 잠시라도 머무르며 동네에 살고 있다는 느낌을 주고 싶었다"라고 말한다. 남산맨션의 보마켓은 유보라 대표의 바람대로 동네 아이들의 아지트가 되었다. 아이들은 엄마 손을 잡고 물건을 사러 왔다가 자리에 앉아 떡볶이를 먹으며 테이블에 비치된 스케치북에 그림을 그렸다.

핫플을 지향하지 않는 동네 밀착 플랫폼

이후 이태원 주공아파트 옆 남산 자락에 보마켓 2호점을 열었다. 코로나19가 한창이었던 지난 2021년의 일이다. 무엇이든지 '비대면'이 익숙했던 이 시기에 보마켓은 색다른 오프라인 플랫폼으로 오히려 외연 확장에 나선 것

이다. 2호점은 생활에 필요한 좋은 물건을 제안하면서도 각 동네의 특성을 반영하는, 동네 밀착 생활 플랫폼이라는 현재 보마켓의 형태를 본격적으로 보여준 지점이다. 이후 서울역과 신촌, 성수동, 최근의 송정동까지 보폭을 넓혀가고 있다. 보마켓이라는 타이틀은 동일하지만, 동네마다 조금씩 다른 시스템 아래, 선보이는 물건도 약간씩 다르다. 한 가지 공통점은 해당 동네의 색에 맞는 공간을 지향한다는 점이다.

강아지를 산책시키는 주민들이 많은 이태원 2호점은 너른 마당을 낀 반려동물 친화 공간을 운영하고, 밤에는 레스토랑으로 변신하는 서울역 3호점은 관광객이 좋아하는 각종 디자인 굿즈를 구비하고 있다. 서울숲 지척의 4호점은 숲으로 소풍을 가는 이들에게 유용한 스낵과 와인 등을 판매한다. 신촌점은 젊은 라이프스타일에 맞는 물건과 콘텐츠를 제안한다.

지나치게 '핫플'을 추구하지 않는 것도 보마켓의 특징이다. 오픈 직후에는 외부에서 사람들이 일부러 찾아오는 공간이었지만, 시간이 지날수록 해당 지역 주민들의 비율이 높아졌다고 한다. 각 지점마다 조금씩 다른 색깔의 공간이 만들어지는 이유다.

작게 존재하기

보마켓은 진화하는 리테일의 다음을 보여준다는 점에서 의미가 크다. 동네 슈퍼에서 대형 마트로, 대형 마트에서 편의점과 온라인으로 리테일 산업은 점점 확장하고 진화하고 있다. 가능하면 한번에 더 많은 물건을 보여주고, 가장 경제적이면서도 효율적 방식으로 전달한다. 게다가 이 과정은 거의 비대면으로 이루어진다. 무한대의 그리드에 물건을 실어 전달하는 온라인 마켓이 그 정점이다.

보마켓은 확장 지향의 리테일의 세계와 반대되는, 축소 지향을 선보인다. 동네에 작게 존재하며, 무한대의 그리드가 아닌 몇 개의 선반 위에 선별된 물건을 진열한다. 실제로 만지며 구경할 수 있는 물건들은 모든 사람의 기호를 만족시킬 수 있는 범용한 것들보다는, 특정한 가치관을 지닌 사람들의 취향을 만족시킬 수 있는 각별한 것들이다.

그리고 보마켓에는 사람 냄새가 난다. 처음 남산 보마켓에 발을 들여놓았을 때 느꼈던, '우리 동네에도 이런 가게가 있었으면 좋겠다'는 바로 그 감각이다. 진열된 작은 물건들 사이로, 왜 이 물건이 여기에 와 있는지, 이 물건을 사가면 어떻게 좋은지, 뒷단의 이야기들이 궁금해진다. 물건이나 브랜드의 매력이라기보다, 이 물건을 소개하는 보마켓이라는 플랫폼에 대한 호감이다. 팬데믹을 겪으면서, 밖으로만 향했던 시선들이 안으로 향하고 있다. 낯선 해외로, 밖으로 돌렸던 눈들이 안으로, 동네로 모이고 있다. 보마켓은 이런 흐름의 한가운데 서 있다.

story
&
insight

꼭 필요하고 편안하며 자연스러운 공간

2014년 당시 남산맨션에 거주했는데, 물 한 병 사기가 어려웠다. 배달도 없던 시절이었다. 보마켓은 철저히 개인적 '필요'로 시작했다. 페인트를 칠하고 공간을 매만지는 데 3개월이 걸렸다. 공사를 하다가 친구들을 불러 와인도 마시고, 마켓에 뭐가 있으면 좋을까 고민도 하고 그랬다. 남산맨션 주민들도 대체 무엇을 하기에 이렇게 오래 공사를 하냐면서 현장에 들어와 자신에게 필요한 물품을 알려주기도 했다. 보마켓 1호점은 그렇게 만들어진 공간이다. 마켓이라 부르기에 규모는 작지만, 주민들에게 진짜 필요한 물건들로 채웠다.

동네 주민들이 평소에 즐기는 식자재부터, 학창 시절 먹었던 과자, 식료품을 추천해주었다. 어렸을 때 부모님과 함께 동네 미제 가게에 가는 것을 좋아했는데, 그때 기억이 반영된 공간이기도 하다. 땅콩잼이나 초콜릿 같은 것들이 가득 쌓인, 그런 분위기를 떠올렸다. 당시만 해도 이런 식의 식료품 편집숍이 많지는 않았던 것 같다. 그렇다고 잔뜩 멋 부린 가게가 아닌, 편안하고 자연스러운 공간을 원했다.

2호점, 3호점, …

2호점을 시작한 계기는 1호점에 주민들의 공간이 점점 없어진다고 생각하면서다. 외부에서 너무 많은 손님들이 오면서 주민들이 자리를 비켜주는 상황이 연출되었다. 당시 본업은 디자이너였어서 여유가 안 되니 보마켓을 다른 사람에게 넘기려는 생각도 잠깐 했다. 없어지면 안 된다며 주민들이 나서서 가게를 지켜주었다. 그런 고마움 때문에 1호점은 온전히 남산맨션 주민들이 이용할 수 있는 공간으로 남았으면 했다.

2호점은 주변에 마당이 있고 비좁지 않은 장소에 자리했다. 코로나19가 한창일 때 이태원 주공아파트 상가 자리에 가오픈을 했다. 따로 마케팅을 하지 않았는데, 어떤 계기에서였는지 보마켓이 대중에게 확 알려졌다. 1호점이 간이 판매점이었다면 2호점부터는 브런치 메뉴도 만들어 지금의 보마켓의 형태를 갖췄다. 떡볶이나 김치볶음밥도 그때 생겼고, 쟁반이나 접시 등 보마켓에서 쓰는 테이블웨어도 판매했다. 치약이나 소금 등 라이프스타일 제품도 본격적으로 구비했다.

귀를 기울이면

처음에는 2호점도 전체를 다 쓰진 않고 일부만 사용했다. 아파트 주민들에게 오며 가며 물어보니, 동네 빵집이 있었으면 좋겠다고 했다. 그래서 가구 창고였던 두 번째 공간을 새로 페인트칠을 해 빵집을 열고, 세 번째 칸에 라이프스타일 굿즈 상점을 열었다. 보마켓에 들어갈 제품을 어떻게 고르냐는 질문을 많이 받는데, 귀를 기울이면 나온다고 생각한다. 결국 해당 지역에 사는 사람들이 원하는 물건 위주다. 물론 지향하는 물건의 분위기는 있지만, 원하는 품목 안에서 고른다는 기준이 있다. 신촌의 공유 주택 '에피소드' 1층에 자리한 보마켓을 꾸리면서는 공유 주택에서 직접 살아보았다. 살아보니 이곳에서 필요한 것이 무엇인지 자연스레 알게 되었다.

없는 것을 관찰한다

남산맨션 1호점에는 간단한 장보기를 위한 두부, 계란, 콩나물이, 경리단 2호점에는 근처에 슈퍼마켓들이 꽤 있어서 찬거리보다는 동네에 없었던 와인이나 치즈, 홈 파티용 제품들을 가져다 놓았다. 서울역 인근의 3호점 역시 동네의 다른 마켓과 경쟁하기보다 없는 품목을 찾아서 상생하는 방식을 택했다.

저마다 다른 가게, 답은 고객 속에 있다

남산맨션과 경리단, 신촌과 서울역, 그리고 서울숲과 최근의 송정동까지. 보마켓이라는 이름은 같지만 지역별로 조금씩 다른 모습을 하고 있다. 서울역 인근의 보마켓은 밤에는 레스토랑이고, 낮 동안만 보마켓이 열린다. 인근에 브런치 가게가 없었는데 은근히 주변에 아파트 단지가 있어서 지역 주민들이 많이 온다. 서울역이라 캐리어를 끌고 오는 이들도 많다. 주중에는 기념품 역할을 하는 디자인 제품들이 많이 팔린다.

4호점 성수점을 열 때는 고민이 조금 있었다. 비싼 주상복합 단지에 위치해서 그동안의 보마켓과 결이 다르다는 생각을 했던 것 같다. 1년 정도 고민했는데, 동네를 걷다가 결정을 했다. 보마켓의 공통점이 걷기 좋은 공원이나 길을 끼고 있다는 것이다. 남산공원이나 서울로, 경의선 숲길 등. 성수점도 서울숲 공원에 들렀다가 산책하는 마음으로 올 수 있는 공간이 됐으면 했다. 실제로 주말이면 서울숲으로 소풍을 가기 전에 들러 와인이나 먹거리를 사서 가는 이들이 많다.

주민들의 삶이 스며들 수 있도록

초반에는 외부에서 오는 손님이 많은 편이지만, 시간이 갈수록 주변에 사는 사람들이 오는 경우가 훨씬 잦다. 어르신 손님부터 어린 아이까지 동네 주민들이 찾아주면서 그렇게 각 지점별로 색깔이 생긴다. 언젠가는 신촌점에서 할아버지 세 분이 아이비리그 티셔츠를 입고 와서 와인을 드시는 모습을 보았다. 생활 밀착형 플랫폼으로 상상했던 바로 그 모습이라 참 반가웠다.

콘텐츠는 고민 또 고민

신촌점의 경우, 오뚜기와 협업을 해 메뉴를 정했다. 떡볶이나 김치볶음밥 등 메뉴는 전 지점에서 비슷하게 풀었지만, 브랜드와 함께 조금씩 변주를 했다. 서울숲의 경우 '존쿡 텔리미트'와 협업한 매장이다. 신촌점에는 '플레이 모빌'의 자판기를 가져다 놓기도 하고, 패션 브랜드 '플리츠 마마'의 재생 플라스틱으로 만든 가방도 있다. 경리단길 2호점은 못생긴 과일을 구매하는 정기 구독 서비스 '어글리 바스켓'이나 식물성 두유인 '플렌티 밀크'와 이벤트 행사를 열기도 했다. 우리는 작은 마켓이지만, 늘 새로운 콘텐츠로 채우려고 노력한다. 어른들의 놀이터처럼 시장 구경하듯 자주 와서 조금씩 변하는 상품들을 봐주었으면 한다.

기획과 콘셉트보다는 꾸준함

상업 공간을 기획할 때 간과하는 부분이 꾸준함이다. 새롭게 다양하게 만드는 것보다 공간을 유지하는 것이 어렵다는 것을 배웠다.

마켓 같은 상업 공간을 유지하기 위한 노력은 사실 보여지는 것보다 재고 관리와 같은 숨겨진 부분이 더 크다. 진짜 실력은 꾸준함에서 온다.

상업 공간 기획의 원칙

보마켓을 기획 혹은 경영하는 데 있어 내 취향에 대해 물어보는 경우가 있는데 사실 조금 당황스럽다. 아무래도 본업이 디자이너였어서, 그 취향이 반영된 공간인지가 궁금한 것 같다. 디자이너는 소비자를 이해해서 그들이 원하는 것을 찾아내고, 거기서 만족감을 얻는 업이다. 본인이 좋아하는 것에 사람들이 따라오길 바라는 것은 예술가라고 생각한다. 상업 공간 기획자에게는 개인의 취향보다는 객관적 시선이 필요하다. 기획자의 관점에서가 아니라, 소비자의 입장에서 바라보고 결정해야 한다는 의미다.

지향점

예쁜 물건은 너무 많지만 다 가져다 놓을 수는 없다. 우리는 예쁘면서 지구 환경에 도움이 되고, 쓰레기를 만들지 않는 상품들을 선별한다. 봉투는 100퍼센트 재활용 봉투로, 쇼핑백보다는 다시 쓸 수 있는 가방을 제안한다.

넥스트 마켓

리테일 비즈니스는 다양한 물건을 한번에 편리하게 쇼핑할 수 있도록 발전하고 있다. 그 정점이 온라인이다. 그러다 보니 동네 마켓이 소외되고 있다. 하지만 물건을 실제로 접하고, 만져볼 때의 즐거움이 있다고 생각한다. 동네에 있는, 나와 지향점이 같은 마켓. 이것이 보마켓이 그리는 '넥스트 마켓'이다. 사람들도 코로나19를 계기로 주변을 더 돌아보게 된 것 같다. 무조건 밖으로 눈을 돌리기보다, 내 주변에 뭐가 있었지, 이런 매력이 있었구나, 하고 곁을 돌아보고 재발견하게 해주었다. 보마켓도 이런 흐름의 하나라고 생각한다.

목표

한국도 점점 더 다양한 라이프스타일이 공존하는 사회로 변모하고 있다. 반면 사람들의 삶의 방식을 다양하게 만족시킬 수 있는 상업 공간은 그리 많지 않은 것 같다. 백화점에서 제공하는 우아한 라이프는 많은데, 좀 더 편하게 접할 수 있는 공간이 적다. 보마켓이 이런 부분에서 어느 정도 역할을 할 수 있는 브랜드가 되었으면 좋겠다. 위화감 없이, 좋은 삶의 지향을 제안할 수 있었으면 한다.

후기

이 책은 내가 2016년 중앙일보 라이프스타일 부에 합류하면서부터 시작됐다. 매거진에서 신문으로, 뷰티 분야에서 라이프스타일 분야로 경력 점프를 해야 했던 나는 당시 다소 알쏭달쏭한 상태였던 것 같다. 그럼에도, 해보고 싶다는 서투른 의욕에 용기를 채워준 것은 역시 사람이었다. 이 책에 실린 기획자들의 거의 대부분을 첫 2년간 만났다.

　　라이프스타일(life style). 신문사에서는 생소한 팀 이름이다. 직역하면 사람들의 생활 방식이라는, 아주 넓은 범위의 주제를 다루는 부서였다. 정치·사회·경제 등 기존 레거시 미디어가 주로 다뤄왔던 영역이 아닌, 먹는 것부터 입는 것, 사는 곳을 포함한 일상 전반을 다루었다. 사람들의 뉴스 소비가 앞으로 관심사, 즉 취향의 영역으로 재편될 것이라는 판단으로 만들어진 부서다.

___

　지금은 너무나 남발된 나머지 '취향'이라는 말이 깊이
와닿지 않지만, 당시만 해도 취향이라는 단어는 새롭고 빛
나는 무엇이었다. 좋은 것을 알아보는 안목을 가진 사람들
이 새삼 주목받기 시작했다. 2014년 즈음부터 국내에서 흥
하기 시작했던 소셜 미디어 '인스타그램'이 많은 영향을 미
쳤다.

　자신이 본 것, 먹은 것, 체험한 것을 기록하는 일기장 역
할을 했던 인스타그램은 취향의 전시장 역할을 톡톡히 했
다. 모두가 인스타그램에 올릴 만한 것을 찾아 나서기 시작
했고, '인스타그래머블(instagramable)'이라는 낯간지러운 신
조어도 생겼다.

　좁은 골목길, 언덕 끝에 있는 아무리 작은 식당도 기어
코 찾아가 인증샷을 찍어 올렸던 인스타그램 속 수많은 취
향 좋고 부지런한 사람들은, 서울의 F&B 업계를 한층 다채
롭게 만들어주는 연료가 됐다. 누구보다 새로운 것, 빛나는
것을 건져 올리려 이곳저곳을 탐색하던 이들의 발걸음을

따라 서울의 지도가 새롭게 그려졌다.

○

산업의 태동기를 가까이서 지켜볼 수 있었다는 점에서, 그즈음 라이프스타일 분야를 취재했던 것은 행운이었다. 성수동과 연희·연남동, 서촌 등 기존 번화가와는 색이 다른 서울의 가볼 만한 곳이 생겨나기 시작했고, 물건을 그저 많이 가져다 놓기만 했던 '백(百)화점'과 대비되는, 주인의 안목으로 골라낸 좋은 물건들이 있는 '십(十)화점'들이 속속 등장했다.

눈이 빠른 사람들은 이미 주류의 소비 흐름에서 벗어나 자신만의 취향을 가꾸고 있었다. 서점에서는 마스다 무네아키의 『지적 자본론』(2015), 스가쓰케 마사노부의 『물욕 없는 세계』(2017) 등 이웃 나라 라이프스타일 구루들의 길잡이가 팔리고 있었다.

○

무엇보다 빛나는 기획자들이 하나둘씩 나타나기 시작

했다. 사람들이 좋아하는 장소, 사람들이 먹는 것, 소비하는 것을 취재하다 보면, 그 끝에 그것을 만든 사람, 즉 기획자들이 있었다. 예를 들어 커피라면, 단순히 커피숍을 운영하는 것이 아니라 그 안에 자신만의 세계를 만들어 넣는 사람들이었다.

이들은 단순히 물건 하나를 파는 것이 아니라, '이런 생활 방식은 어떻습니까?'라고 말을 거는 사람들이다. 바로 개인의 관심사, 혹은 취향에 따른 삶의 방식을 '비즈니스'의 무대로 올린 주인공들이다.

『물욕 없는 세계』의 저자 스가쓰케 마사노부를 인터뷰했던 적이 있다. 취재 분야면서도 어렴풋하게 인지하고 있었던 라이프스타일 비즈니스에 대해 그는 이렇게 정의했다.

"물건이 아니라 생활을 파는 것."

지난 세기까지는 가격이나 품질 등 제품의 '스펙'이 중요했지만, 지금은 스펙 경쟁과 가격 경쟁이 거의 끝난 시대다. 가격으로 차별화할 것이 아니라, 매력적인 라이프스타일로 경쟁해야 한다는 것이다.

『서울 라이프스타일 기획자들』은 매력적인 라이프스타일을 파는 서울의 기획자들을 기록하고 있다. 지난 몇 년간 활발하게 활동하면서 자신만의 안목으로 한국의 라이프스타일 비즈니스를 일군 개척자들이다. 이들을 통해 취향이 어떻게 비즈니스가 되는지, 이들이 만들어낸 결과물이 우리 생활을 어떻게 바꿔나가는지를 살펴보고자 했다.

아울러 탁월한 기획자들로 변화하는 서울의 모습을 담으려 노력했다. 오늘날의 도시를 도시답게 만드는 것은 고층 빌딩이나, 잘 포장된 도로, 편리한 대중교통 시스템만은 아니다. 골목골목 스며든 다채롭고도 풍성한 도시 콘텐츠야말로 그 도시의 진면목이다.

그래서 이 책은 탁월한 기획자들의 손과 눈을 통해 본, 지금 여기를 사는 우리들의 이야기이기도 하다. 지금 이 순간에도 변화하는 서울에서 우리가 얼마나 멋진 생활을 공유할 수 있는지, 서로가 서로에게 무엇을 더 배울 수 있는지, 그 가능성을 엿볼 수 있기를 희망한다.

"대도시에서 사람들은 취향을 공유하는 동료들을 선택할 수 있다.

도시는 관찰, 청취, 학습을 더 쉽게 할 수 있게 해준다. 인류의 본질적인 특징은 다른 사람들로부터 배울 수 있다는 것이고 그래서 도시는 우리를 더 인간답게 만들어준다."

— 에드워드 글레이저, 『도시의 승리』

사진 출처

서울 라이프스타일 기획자들

유지연 지음

초판 1쇄 발행 2023년 6월 2일
초판 4쇄 발행 2024년 3월 4일

발행: 책사람집
디자인: 오하라
제작: 세걸음

ⓒ 유지연, 2023

ISBN 979-11-978794-2-5 02320

책사람집

출판등록: 2018년 2월 7일
(제 2018-000269호)
주소: 서울시 마포구 토정로 53-13 3층
전화: 070-5001-0881
이메일:
bookpeoplehouse@naver.com
인스타그램:
instagram.com/book.people.house/